아는 것을 명확하고 알기 쉽게 표현하는 것이 힘!

이공계 Technical Writing 가이드

아는 것을 명확하고 알기 쉽게 표현하는 것이 힘!
이공계 Technical Writing 가이드

2015년 4월 15일 초판 인쇄
2015년 4월 20일 초판 발행

지은이 | 김경화
교정교열 | 선우애림
펴낸이 | 이찬규
펴낸곳 | 북코리아
등록번호 | 제03-01240호
주소 | 462-807 경기도 성남시 중원구 사기막골로 45길 14
　　　 우림2차 A동 1007호
전화 | 02-704-7840
팩스 | 02-704-7848
이메일 | sunhaksa@korea.com
홈페이지 | www.북코리아.kr
ISBN | 978-89-6324-419-8 (03300)

값 9,000원

아는 것을 명확하고 알기 쉽게 표현하는 것이 힘!

이공계
TECHNICAL
WRITING
가이드

김경화 지음

북코리아

들어가며

B2B 제품의 Technical Writer라는 내 업(業)이 전문 분야에서 연구/개발하는 사람들이 작성한 문서를 활용하여 재작성(rewriting)하는 것이다 보니, 자연히 연구/개발하는 사람들이 작성한 문서를 많이 읽어야 했다.

연구원들이 작성한 문서(이하, 기술문서)를 읽고 이해한 후 재작성하기 위해서는 앉아서 문서를 읽는 것만으로는 절대적으로 부족했다. 왜냐하면 내가 이해한 내용이 작성자가 의도한 내용과 다른 경우가 많이 있었고, 문장의 내용이 충분하지 않거나 명확하게 이해하기 힘든 경우도 많았기 때문이다.

그래서 Technical Writer로서 문서 재작성을 잘하는 것도 중요하지만, 연구원들이 작성하고 있는 문서의 문제점을 짚어주고 그 해결책을 제시하는 일이 급선무라는 생각에서 그동안 연구원들을 대상으로 'Technical Writing 기법'이라는 제목의 강의를 진행해왔다.

강의를 할 때 내가 소개하는 유일한 책은 윌리엄 스트렁크 2세(William Strunk, Jr)와 엘윈 브룩스 화이트(E.B. White)가 쓴 *The Element of Style*이다. 이는 80여 페이지의 자그마하고 간명한 글쓰기 지침서로, 미국 유수의 공과 대학교 학생들에게 다년간 읽히고 있다고 한다.

아마 이 사실을 접하면, 우리는 우선 이 책이 학과 과정의 교재인지 아니면 자격증을 취득하기 위해 필요한 교재인지를 따져보려고 할 것이다. 그러나 이 책이 스터디셀러가 된 진짜 이유는 다른 데 있다. 바로 미국 학생들이 글쓰기에 관심을 갖고 잘 쓰려 한다는 점이다. 물론 Technical Writing 교과 과정이 있는 것도 하나의 이유는 될 것 같다.

우리 대학의 교과 과정에 Technical Writing이 없는 것도 아쉽지만, Technical Writing 강의를 하면서 참고도서로서 소개할 만한 책이 없다는 점이 더욱 아쉬웠다. 강의장에서 *The Element of Style*을 소개하면, 국문으로 된 문서를 작성할 때 참고할 만한 유시한 책을 추천해달라는 요구가 많았는데, 그 요구에 부응하지 못했던 아쉬움을 이 책이 달래줄 것이라 믿는다.

우리는 지금 연습하고 실행할 만한 여유가 없는 사람들이다. 연습이 곧 실행이 되고 실행이 곧 연습일 수밖에 없다. 그러므로 언제 어디서나 어떤 글을 쓰든지 'Technical Writing 마인드'를 가지고 쓰는 것을 습관화해야 한다.

'습관화'라고 했다. 말은 쉽다. 그리고 내가 좋아하는 것, 잘하는 것을 습관화하기는 말보다 더 쉽다. 하지만 Technical Writing처럼 익숙하지 않은 것을 습관화하기는 애연가들이 금연을 하는 것만큼, 아니 그보다 더 어려울 수 있다.

인정한다. 쉽지 않은 일이라는 것. 하지만 반드시 해야 할 일로 정해 두고 마음과 열정을 쏟다 보면 어느 순간 나도 모르는 사이에 Technical Writing을 하고 있다는 사실을 깨닫는 순간이 반드시 올 것이다. 그런 순간 조직 내에서 당신의 영향력은 높아져 있을 것이며, 자신감 충만으로 신명나게 일할 수 있을 것이다.

왜냐하면 경력이 쌓일수록 글쓰기가 업무에서 차지하는 비중이 점점 더 커지기 때문이다. 그러므로 늦었다 생각 말고 지금 당장 내가 부족한 부분이 무엇인지(원칙 중에서 내가 잘 안 되는 부분)를 파악하고 기회가 있을 때마다 고쳐 쓰고 다시 쓰고 계속 쓰자.

목차

Technical Writing이란

글쓰기와 대한민국의 연구원

한국의 이공계 출신들이 글쓰기를 힘겨워한다는 사실은 언론을 통해서도 많이 이야기되었고, 또 이공계 출신들도 암묵적으로 인정하고 있는 것이 현실이다. 하지만 안타깝게도, 이런 현실이 오래전에 인식되었음에도 불구하고 개선하기 위한 대책은 아직까지 미비한 실정이다.

미국에서 이공계 학위를 받기 위해서는 필수적으로 글쓰기(Technical Writing) 과정을 이수해야만 하는데, 우리 대학의 실정은 어떤가? 공학교육인증제를 도입하고 있는 일부 대학을 제외하고는 글쓰기 관련 교육과정이 전혀 없으며, 설사 비슷한 과정이 있다고 해도 전문 강사가없어 학부 교수들이 궁여지책으로 해당 과정을 꾸려나가고 있다. 그래서 우리 대학의 학생들은 졸업 시점에도 본인의 글쓰기 수준이 어떠한지, 부족한 부분이 무엇인지, 향후 사회생활에 있어 글쓰기가 얼마나중요한지 등에 대한 인식을 하지 못하고 있다.

반면에 미국의 주요 공과대학 졸업생을 대상으로 한 설문조사 결과를 보면, "글쓰기 관련 역량이 부족한 것 같다", "향후 글쓰기 관련 교육과정을 추가로 이수할 예정이다" 등 글쓰기에 대한 필요성과 중요성을 깊이 인식하고 있는 것으로 나타난다. MIT 공대의 바바라 골도프

타스 교수는 "MIT가 쓰기를 강조하는 이유는 쓰기를 통해 명쾌한 사고 능력이 생기게 되고, 이것이 연구 능력과도 직결되기 때문"이라고 말한다.

이렇게 훈련되고 필요성을 인식하고 있는 인력과 글쓰기는 나와는 상관없는 일 또는 귀찮은 부수적인 일이라고 생각하고 있는 인력의 업무 성과는 확연하게 다를 수밖에 없다. 왜냐하면 본인이 수행한 업무는 일 자체로써가 아니라 최종으로 제출하는 문서로써 인정받고 보존될 수밖에 없기 때문이다.

전문가로서 '내가 해당 분야의 지식을 어느 정도나 알고 있느냐'보다는 '내가 해당 분야의 지식을 상대방이 잘 이해할 수 있도록 얼마나 잘 표현하는가'가 더 중요한 시대에 우리는 살고 있다. 그리고 비

〈전달하는 능력의 중요성〉

즈니스 세계에서 의사소통은 모두 문서로써 이루어진다.

문서가 '덤'인 시대는 지났다. 이제 우리도 모든 일을 문서로 하는 문화를 하루 빨리 정착시켜야 한다. 그렇지 않고서는 경쟁 업체와 동등한 출발선에 설 수 없게 될 것이다.

나는 시스템을 운용하는 인력들을 대상으로 시스템 운용 방법에 대한 교육을 하는 것으로 사회생활을 시작했다. 그 시절에 우리 회사는 선진국 대열에 오르기 위해 노력하는 나라들과 거래했다. 그들의 문서에 대한 인식은 우리와 비슷했다. 그래서 문서보다는 실행을 우선시했으며, 문서 없는 실행이 가능했다.

현지에서 운용자 교육을 시켜달라는 요구는 있었지만 교육 교재에 대한 심사는 없었으며, 그 시절 교육을 위해 현지의 전화국을 가보면 우리 회사에서 제공한 시스템 운용 관련 문서들은 커다란 캐비닛 안에 얌전히 잘 보관되어 있을 뿐 누구도 그것을 들추어 보는 사람이 없었다.

하지만 요즘 우리 회사가 거래하는 나라는 문서에 대한 시각이 우리와 판이하게 다르다. 그들은 일의 시작부터 끝까지 모두 문서로써 진행한다고 해도 과언이 아니다. 일례로 그들은 우리 회사에서 제공한 시스템 운용 관련 문서의 오탈자까지도 수정해줄 것을 요청한다. 사정이 이러하니 문서 작성에 익숙지 않은 우리는 그들과 사업을 진행함에 있어 상당한 어려움을 겪고 있다.

상황이 이러함에도 우리 연구원들은 본인이 작성하는 문서의 중요성을 아직까지 인식하지 못하고 업무 프로세스상 어쩔 수 없이 해야하는 일이기에 마지못해 하는 수준에 있다. 그리고 기업에서도 문서 작성을 했는지에 대한 관리만 할 뿐 그것을 얼마나 잘했는지에 대한 관리와 평가는 안 되고 있는 실정이며, 문서 작성 능력이 부족한 연구원들의 능력 향상을 위한 방법 강구나 대안 창출에는 소극적인 상황이다.

나는 우리나라 직장인들의 글쓰기 관련 기술(skill) 부족에 대한 책임은 우리의 교육 체계와 기업의 문서에 대한 인식 부족에 있다고 본다.

지금 우리의 기술력은 세계와 견주어 손색이 없는 정도를 넘어 신기술을 선도하는 수준으로까지 발전했다. 그 결과 다른 사람이 작성해놓은 문서를 읽고 이해하여 실행하던 입장에서 우리가 문서를 작성하여 상대에게 일을 시켜야 하는 쪽으로 입장이 바뀌고 있다. 그러므로 연구원으로서의 우리의 영향력을 높이기 위해서는 정확하고 명확하게 표현할 수 있는 글쓰기 능력을 반드시 갖추어야 한다.

Technical Writing이란 무엇인가

이제부터 Technical Writing에 대해서 이야기하고자 한다. 먼저 Technical Writing에 대한 정의를 해보자면, 다른 사람과 소통(communication)하기 위해서 하는 글쓰기는 모두 Technical Writing이라고 말하고 싶다. Technical Writer로서 Technical Writing에 대해 정의한다면 조금 다르겠지만, 여기서는 우리나라 공학도 또는 연구원, 더 넓게 본다면 직장인을 대상으로 하는 글쓰기에 대해 이야기할 것이기 때문에 그 점에 착안하여 위와 같이 정의하려 한다.

일반적으로 말하는 글쓰기(writing)와 지금부터 이야기할 Technical Writing은 무엇이 다를까? 또 우리가 일상에서 하는 글쓰기 중에서 어떤 것들이 Technical Writing일까?

Technical Writing의 정의에서 주목해야 할 부분은 '다른 사람'과 '소통'이라는 단어이다. 내가 쓴 글의 독자가 있고, 그 독자와 나 사이에는 글을 통해서 서로 주고받는 무엇인가가 있어야 한다는 것이다. 그러기 위해서 글을 쓰는 사람은 글을 읽는 사람의 영역 안에 존재해야 한다. 즉, 내 입장이 아니라 독자의 입장에서 쓰는 글쓰기가 Technical Writing이다.

이런 의미로 볼 때 우리가 일상에서 하는 글쓰기 중에서 Technical Writing이 아닌 글쓰기는 일기, 자기를 위한 메모 정도밖에는 달리 생각나는 것이 없다. 그러므로 업무상 하는 글쓰기는 모두 Technical Writing이라고 할 수 있다.

궁극적으로 Technical Writing을 하는 사람은 그 내용에 대해 독자를 충분히 이해시켜야 하는 의무가 있다. 하지만 현실은 자신의 입장에서 자기가 이해하는 언어(단어, 용어 등)로써 글을 쓰고, 독자의 이해 정도는 독자의 몫으로 생각하는 사람들이 많다. 특히, 상품이나 기술을 연구/개발하는 연구원들이 더욱 그렇다.

직장인이라면 본인이 Technical Writer가 아니어도 기본적으로 Technical Writing을 해야 한다는 인식을 하는 것이 무엇보다도 시급하다.

Technical Writing의 필수 요소로는 논리적인 구성, 알기 쉬운 문장, 시각적인 표현을 들 수 있다. Technical Writing에서 위의 세 요소가 중요한 이유는 우리가 서점에서 책을 구매하는 일련의 과정을 되짚어 보면 여실히 드러난다.

우리가 서점에 책을 사러 간다고 가정할 때, 우리는 분명 '어떤 것'에 관한 책을 사겠다는 결정을 한 상태이다. 그럴 때 서점에 있는 수많은 책들 중에 우리 손에 닿을 조건이 되는 책은 그 '어떤 것'에 해당하는 '키워드'를 책의 제목에 반영하고 있어야 한다. 그래야 최소한 우리의 눈길이라도 한 번 받을 수 있다.

그 다음으로 우리가 하는 일은 해당 책 내용의 대충을 파악하는 일이

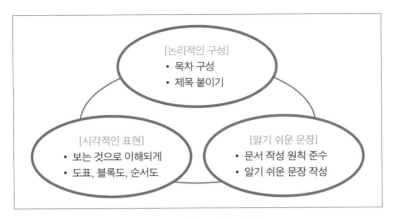

〈Technical Writing 필수 요소〉

다. 어떤 책의 전반적인 내용을 파악하고자 할 때 우리는 무엇을 하는가? 그렇다. 목차를 보면서 책의 구성과 내용을 미리 알아보려고 할 것이다.

그러므로 문서를 작성하는 당신은 문서의 제목과 목차에 당신이 말하고자 하는 내용을 대변할 수 있는 키워드를 반영하고, 문서 내용의 논리를 보여줄 수 있도록 내용의 배열에 신경을 써야 한다.

책의 목차를 훑어보면서 살까 말까를 고민한 후, 사야겠다는 쪽으로 마음이 기울면 우리는 책의 특정 부분을 읽어볼 것이다. 그래서 알고 싶거나 알아야 하는 내용이 아주 잘 설명되어 있고 이해하기 쉬우면 책을 살 것이다. 하지만 읽어서 이해하기 어려운 내용이거나 맞춤법에 오류가 많은 책이라면 사지 않을 것이다.

그러므로 문서를 작성하는 당신은 독자가 쉽게 읽고 이해할 수 있는 문장으로 그리고 맞춤법 오류가 없는 문장으로 적어야 한다.

Technical Writing의 필수 요소 중 하나인 시각적 표현은 예전에는 부가적인 요소였으나 요즘은 가장 먼저 고려해야 하는 요소로서 작용하고 있다. 상품 개발도 예전에는 기술과 성능이 우선시되었지만 지금은 성능은 기본이고 디자인이 최우선으로 고려되는 시대이다.

문서도 마찬가지다. 아무리 내용이 좋아도 글자만 빽빽하여 독자에게 읽고 싶은 마음을 불러일으키지 못하는 문서는 대우받지 못한다. 기술문서라서 시각적인 표현과는 거리가 멀다고 생각할는지 모른다. 하지만 이제 그 생각을 뒤집어라. 기술문서라서 글로써 명확하게 설명하기 힘든 부분이 더 많을 수 있다. 이런 경우 블록 다이어그램이나 순서도 등의 시각 요소를 활용하면 작성하는 사람도 빨리 작성할 수 있고, 읽는 사람도 쉽게 이해할 수 있다.

문서에서의 시각적 표현이라고 하면 서체, 페이지 레이아웃, 그림, 표, 차트 등이 포함될 수 있겠다. 이러한 시각적 표현들을 적절하게 선택하고 배열하여 독자가 내용을 쉽고 빨리 이해할 수 있도록 도와주는 일도 문서 작성자의 중요한 역할이다.

나는 왜
Technical Writing을 잘해야 하는가

현대를 지식 사회라고 한다. 지식 사회에서의 가치는 지식에 있으며, 그 지식이란 것은 정보와는 달리 많이 공유되어야 그 가치가 올라간다. 즉, 많은 사람들이 나의 지식을 활용할수록 그 가치가 증대된다. 그리고 내가 내 지식이 많이 활용되도록 공유할 수 있는 방법은 해당 지식을 문서화하는 것이다.

그러므로 나의 몸값을 높이기 위해서는 내가 가진 지식이 많은 사람들에게 유용하게 공유될 수 있도록 해야 하며, 그러기 위해서는 기본적으로 상대에게 먹히는 글을 써야 한다.

나는 연구원이니까 내가 아는 내용을 문서에 기술할 뿐이고, 그 내용을 상대가 이해하고 말고는 내 관심거리가 아니라는 태도로는 지식 근로자로서의 성장 곡선을 그릴 수가 없다.

연구원은 기술을 연구/개발하는 사람이다. 즉, 연구원들은 기술을 팔아서 먹고산다. 그렇다면 그 기술을 팔기 위해서 설명하고 설득하고 이해시키는 일도 당연히 연구원들의 몫이다. 그 몫을 제대로 수행하기 위해서는 독자 관점에서의 글쓰기, 즉 Technical Writing을 잘해야 한다.

머릿속에 있는 지식을 관련자들이 쉽게 이해할 수 있도록 글로써 표현하는 것이 Technical Writing이며, 이 Technical Writing 능력은 지식기반 사회에서는 필수적으로 갖추어야 하는 기술(skill)이다.

여기서 한 가지, Technical Writing은 기술이라는 점을 짚고 넘어가고 싶다. 기술은 타고나는 것이 아니라 훈련을 통해 습득할 수 있는 것이다. 그러므로 지금 부족한 사람들도 그 중요성을 인식하고 잘할 수 있는 방법을 익힌다면 누구나 잘할 수 있게 된다.

현대는 멀티플레이어(multiplayer)가 환영받는 시대이다. 스페셜리스

- T자형 인재
  ① 일본의 자동차 회사인 토요타에서 정한 이상적인 인재상
  ② 기술력(I)과 통찰력(—)을 가진 사람
  ③ 전문 분야에 깊은 지식을 가지고 있으면서 전문 분야 외에도 다양한 경험과 업무 능력을 보유한 인재

- A자형 인재
  ① T자형 인재의 요건에 소통 능력을 더한 것
  ② A의 가운데 획은 소통을 뜻함
  ③ 현대 사회는 여러 사람이 모여 하나의 작품을 만들어가는 시대이기에 깊고 풍부한 지식을 가지고 있어도 타인에게 전달하지 못하고, 또 동업자의 지식을 포용할 수 없다면 어떤 것도 이뤄낼 수 없음

〈인재상〉

트(specialist)이면서 동시에 제너럴리스트(generalist)인 사람, 즉 멀티플레이어란 한 분야에 독보적인 전문성을 갖추고 있으면서 다른 분야에서도 탁월한 능력을 발휘할 수 있는 사람이다.

올바른 인재상이 'T자형 인재', 'A자형 인재' 등으로 정의되는 것만 보더라도 우리는 우리의 관심을 더 많은 분야로 확장하고, 필요한 분야에 대한 전문성을 키우고, 더 많은 분야의 사람들과 소통해야만 성장 가능성이 있음을 느낄 수 있다.

개인의 성장과정에서 Technical Writing Skill(커뮤니케이션 능력까지 포함한)은 기본 능력이지만, 현재의 상황에서는 분명 기회 요소가 될 수도 있다는 점을 강조하고 싶다.

연구원들에게 글쓰기가
힘든 이유는 무엇인가

우리나라 이공계 종사자들이 글쓰기를 힘겨워하는 데는 우리나라 교육제도와 기업체의 업무 형태에 그 원인이 있다고 앞에서 잠깐 언급했다.

가장 큰 이유로 꼽을 수 있는 것은 우리 연구원들이 글쓰기와 관련한 본인의 역할에 대해 제대로 인식하지 못하고 있다는 점이다. 연구원들이 상품이나 기술을 개발하는 이유가 무엇인가? 먹고살기 위해서? 그렇다. 그것이 가장 근본적인 이유가 될 수 있겠다. 그러면 개발만 하면 먹고 살 수 있는가? 그렇지 않다. 궁극적으로는 그들이 개발한 상품이나 기술을 팔아야 한다. 팔기 위해서는 먼저 소비자/사용자의 욕구에 맞는 상품이나 기술을 개발해야 한다. 따라서 소비자/사용자와의 커뮤니케이션(communication)은 필수 사항이다.

연구/개발 직군 인력들의 역량은 기술에 대한 전문성만으로는 부족하다. 같이 일하는 동료/상사와의 커뮤니케이션뿐만 아니라 기술을 잘 모르는 소비자/사용자와 커뮤니케이션하는 능력도 연구/개발 직군의 인력들이 갖추어야 하는 필수 역량이다.

연구원은 상품이나 기술에 대한 연구/개발만 하면 되고, 파는 것은 다른 사람(마케팅이나 영업 인력)의 몫이던 시대는 지났다. 이런 생각은 공급이 수요를 따라가지 못하던 시대에나 가능했던 것이다. 지금은 고객의 요구사항을 누가 먼저 파악하고 그 요구사항을 만족시키는 상품을 누가 먼저 출시하느냐에 기업의 사활이 달려 있는 시대이다. 그러므로 연구원의 커뮤니케이션 능력은 기업의 핵심 역량이 되어가고 있으며, 그 커뮤니케이션의 제1차 수단이 문서라는 점은 연구원의 글쓰기 능력이 얼마나 중요한 역량인지를 말해준다.

제대로 된 커뮤니케이션을 위해서는 먼저 상대를 이해시켜야 하며 동시에 상대를 배려해야 한다. 그러기 위해서는 철저하게 상대방 입장에서 생각하고 행동해야 한다.

글쓰기도 마찬가지이다. 문서의 독자가 누구인지를 명확하게 알고, 그 독자가 알고 싶어 하는 것이 무엇이고, 또 꼭 알아야 하는 것이 무엇인지를 파악하고 거기에 맞는 글쓰기를 해야 한다.

연구원의 글쓰기에 대한 인식이 부족한 것과 연계해서 생각해봐야 할 문제는 우리 사회가 가지고 있는 문서에 대한 인식이다. 어느 분야에서나 업무의 과정과 끝은 문서로 정리되어 관리되고 있다는 이야기를 한다. 하지만 정작 그 문서들을 들여다보면 그 일이 어떻게 진행되었고 결론이 어떻게 났는지 알기가 쉽지 않다. 문서의 역할은 정보의 공유이며 노하우의 축적이라고 하는데, 정작 노하우는 없고 이해할 수 없는 미사여구가 문서를 가득 채우고 있는 경우가 많다.

우리나라는 사회 구성원들이 문서로써 일을 하는 문화에 익숙하지 않은 것이 사실이고 관련 규칙(rule)도 명확하게 정비되어 있지 않은 상황이다. 이런 상황은 글로벌 시장에서의 경쟁력에 치명적인 손해일 수 있다.

글로벌 시장에서는 기본이라 생각하는 역량(skill)/규칙(rule)을 우리만 외면하고 있는 것은 아닌지를 되짚어보고, 기업에서는 구성원들의 문서 작성에 대한 지침을 정확하게 제시할 수 있어야 한다. 그리고 작성한 문서에 대한 평가 및 피드백을 제대로 할 수 있는 체계를 갖추어서 실질적으로 문서로써 일하는 문화가 형성되도록 하고, 문서가 그 본래 역할을 다할 수 있도록 해야 한다.

직접 영어로 쓸 수 없다면,
기계도 이해할 수 있도록 써야 한다

국내 모 자동차 회사의 TV 광고에 "세상에 차가 없을 땐 동물이 말을 알아듣도록 애썼지만 지금은 자동차가 말을 알아듣도록 연구합니다"라는 카피(copy)가 있는데, 이 카피 내용은 글로벌 시대의 비즈니스 환경에도 접목 가능하다.

지금 우리에게 글로벌 시장을 전제로 하지 않는 비즈니스는 존재하지 않는다. 그러므로 우리글로 우리끼리만 소통해서는 이룰 수 있는 일이 많지 않기에 글로벌 시장과 소통할 수 있어야 한다. 그러자면 우선 언어 장벽을 넘어야 하는데 다행히 글로벌 언어로써 영어가 통용되고 있다. 따라서 우선은 영어로만 소통이 되어도 글로벌 시장에 나설 수 있는 상황은 조성된 것이다.

영어로 소통한다는 것이 우리에게 그리 쉬운 일은 아니지만 그래도 우리가 거래하는 각국의 언어로 소통해야 하는 것보다는 훨씬 좋은 상황이 아닌가.

영어로 소통하기 위해서 문서 작성자가 영어로 글을 쓰는 경우도 있겠지만, 전문가의 도움을 받아서 영어로 번역하는 경우도 있을 것이다. 만약 전문가(번역가)의 도움을 받는다고 가정할 때, 번역가는 우리가 적은 국문 문장을 제대로 이해해야 의미가 통하는 문장으로 번역해 낼 수 있을 것이다.

그러므로 글로벌 시대의 비즈니스 문서는 항상 종이에 적힌 문장만으로도 이야기하고자 하는 내용이 정확하게 이해되도록 작성되어야 한다. 그렇지 않으면 번역가가 문장을 오역할 확률이 높아진다. 비즈니스상에서 문서상의 잘못된 의사소통으로 인해 소송을 당하거나 어렵게 잡은 사업의 기회를 놓치게 되는 경우를 종종 접하게 된다.

번역의 도구로써 번역가를 활용하는 경우도 있지만 기계에 의존하는 경우도 있다. 그런 경우에 의도한 내용대로 기계가 정확하게 번역할 수 있도록 문장을 적어야 한다.

현실이 이러한데도 우리는 옆 동료도 이해하지 못하는 문장으로, 심지어는 자신도 무슨 의미인지 설명하지 못하는 문장으로 문서를 작성하고 있는 상황이다.

다음은 번역 툴에 기술문서의 문장을 적용해본 경우의 예이다.

[원문]
이 MMC 명령어는 시스템에 새로운 패키지를 저장하는 명령어이며 기본으로 EMS에서 입력받은 패키지를 FTP로 다운로드한다.

This MMC imperative downloads package that is been imperative that store new package to system and input in EMS to basic to FTP.

Technical Writing의 원칙 중에 '짧게 쓰라'와 '주어를 생략하지 않는다'를 적용하여 1차 수정

[1차 수정문]

이 MMC 명령어는 시스템에 새로운 패키지를 저장하는 명령어이다. 이 MMC 명령어는 기본으로 EMS에서 입력받은 패키지를 FTP로 다운로드 한다.

This MMC imperative is imperative that store new package to system. This MMC imperative downloads package that is inputted in EMS to basic to FTP.

Technical Writing의 원칙 중에 '중복되는 단어 또는 의미는 삭제하라'를 적용하여 2차 수정

[2차 수정문]

이 MMC 명령어는 시스템에 새로운 패키지를 저장한다. 이 MMC 명령어는 기본적으로 EMS에서 입력받은 패키지를 FTP로 다운로드 한다.

This MMC imperative stores new package to system. This MMC imperative downloads package that is inputted in EMS basically to FTP.

↓ Technical Writing의 원칙 중에 '문장 구성 요소의 배열을 적절하게 하라'를 적용하여 3차 수정

[3차 수정문]

이 MMC 명령어는 시스템에 새로운 패키지를 저장한다. 기본적으로 이 MMC 명령어는 EMS에서 입력받은 패키지를 FTP로 다운로드 한다.

This MMC imperative stores new package to system. Basically, this MMC imperative downloads package that is inputted in EMS to FTP.

↓ Technical Writing의 원칙 중에 '조사를 정확하게 사용하라'를 적용하여 4차 수정

[4차 수정문]

이 MMC 명령어는 시스템에 새로운 패키지를 저장한다. 기본적으로 이 MMC 명령어는 EMS에서 입력받은 패키지를 FTP를 이용하여 다운로드 한다.

This MMC imperative stores new package to system. Basically, this MMC imperative downloads package that is inputted in EMS using FTP.

> 우리말 '명령어'에 해당하는 적절한 영어 단어를 해당 분야의 usage를 반영한 표현으로 바꾸어 마무리.
> 그래서 번역업계에서는 문서의 번역 작업을 단순하게 문장을 사전상의 용어로 번역하는 것이 아니라 현장에서 사용하는 용어/usage로 재작성한다는 의미로 'Translation'이 아닌 'Localization'이라고 한다.

[최종문]
이 MMC 명령어는 시스템에 새로운 패키지를 저장한다. 기본적으로 이 MMC 명령어는 EMS에서 입력받은 패키지를 FTP를 이용하여 다운로드 한다.

This MMC command stores new package to system. Basically, this MMC command downloads package that is inputted in EMS using FTP.

이렇듯 기계를 이해시키는 것은 멀고도 험한 길인 듯하다. 하지만 몇 가지 원칙만 준수한다면 불가능한 일도 아니다.

Technical Writer들도 문장을 쓸 때 고민을 많이 하고, 조언을 구하는 경우도 많다. 그런 때 나는 주로 이렇게 대답한다. "문장에는 정답이 없다. 의미가 통하는 것이 최우선이며 내가 이 문장을 번역한다면 어떻게 할까를 생각해보면 좀 더 정답을 찾는 데 도움이 될 것이다."

영어권에서는 이미 1970년대에 쉬운 영어(Plain English) 쓰기 운동이 시작되었다. 우리나라에서도 쉽게 쓰기의 필요성이 대두되고 있으며 일부 영역에서는 어느 정도 실행도 되고 있는 것으로 알려져 한편으로 기쁜 마음이 든다.

기계를 이해시키기 위해서는 우선 단순하고 명확해야 한다.

글쓰기 분야의 VOC (Voice of Customer)

Writing과 관련해서 고객은 주로 다음과 같은 항목에 불만을 토로한다고 한다.

- 문서의 작성 목적이 명확하지 않다.
- 문서의 구조가 논리적이지 않다.
- 문서의 결론이 명확하지 않다.
- 문서의 내용이 너무 상세하거나 충분하지 않다.
- 문장의 의미가 명확하지 않다.
- 용어 사용이 부적절하다(전문 용어의 오남용, 애매한 용어, 부적합한 용어).
- 오탈자가 많다.

내 문서의 독자도 이러한 불만을 토로할 수 있을지에 대해 각 항목별로 검토해보고, 나름의 해결책을 찾아보기 바란다.

적당한 해결책이 생각나지 않는 항목이 있다면, 이 책의 2장과 3장을 읽은 후 다시 한번 고민해보는 것도 좋은 방법일 것이다.

VOC	해당 여부(O/X)	해결책
명확하지 않은 목적과 내용		
이해할 수 없는 구조와 논리		
명확한 결론이 없음		
너무 상세하거나 충분하지 않음		
잘 알아들을 수 없는 문장 또는 긴 문장		
전문 용어의 부적절한 사용		
오탈자		

2장

Technical Writing 대원칙

대원칙 1: 대상 독자와 작성 목적을 명확하게 정의하라

대원칙 2: 대상 독자를 이해시켜야 한다

앞에서 "제대로 된 커뮤니케이션을 위해서는 우선 상대를 이해시켜야 하고 동시에 상대를 배려해야 한다"고 했다. 이러한 목적을 달성하기 위해서는 우선 기본에 충실해야 한다. 문서 작성의 기본은 작성 목적을 명확히 하는 것이다. 그리고 그 목적을 달성할 수 있는 충분한 내용을 문서에 담아야 하고 또한 독자의 수준을 고려하여 독자가 쉽게 이해할 수 있도록 써야 한다.

대상 독자와 작성 목적을 명확하게 정의하라

Technical Writing은 커뮤니케이션을 목적으로 작성하는 모든 글이라고 했듯이, 그 목적은 커뮤니케이션에 있다. 그리고 커뮤니케이션의 기본은 내 입장이 아닌 상대방 입장에서 말하고 행동하는 것이다. 그러므로 Technical Writing은 철저하게 읽는 사람 입장에서 글을 쓰는 것을 기본으로 삼아야 한다.

그러므로 글쓰기를 할 때는 누가 읽을 것이며, 상대는 무엇을 알고 싶어 하는지, 나는 그 사람에게 어떤 정보를 전달해야 하는지를 정확하게 정의하는 과정이 필요하다.

나는 Technical Writing 관련 강의를 할 때 공공 게시물을 종종 활용한다. 아래는 KTX 열차 안에서 볼 수 있는 안내 문구이다.

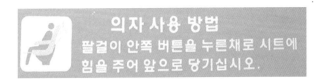

위의 안내 문구는 열차 안에서 의자의 방석 부분을 앞으로 조금 빼내서 등받이를 젖히려는 승객에게 그 사용법에 대해 안내하고자 작성한 것이다. 하지만 이 문구대로 따라하다 보면 내가 해야 하는 행위와 문구가 제시한 바에 거리가 있음을 알 수 있다. 이 상황에서 승객은 어떻게 의자를 앞으로 당길 수 있을까?

이 안내 문구를 작성한 사람은 승객이 어떤 상태에서 이러한 행동을 하고 있는지 파악하지 못하고 있으며, 승객이 어떻게 하도록 유도하고자 하는지에 대한 정확한 개념이 없이 그냥 해야 하는 일이니까 한 것으로 보인다. 정확한 목적의식 없이 관행에 따라 일한 결과가 아닐까?

여기에서, '당기라'라는 단어를 '밀어라'라는 단어로 바꾸는 데는 독자/고객의 입장에 대한 인식이 꼭 필요하다.

이와 비슷한 예를 하나 더 들어보자.

소 화 전 사 용 방 법

1. 소화전 함을 열고 관창(노즐)을 잡고 적재된 호스를 함밖으로 끄집어 낸다.

2. 소화전 밸브를 왼쪽으로 돌려서 개방한다.

3. 두 손으로 관창(노즐)을 잡고 불이 난 곳까지 호스를 전개하여 불을 끈다.

4. 화재 진화를 마치면 소화전 밸브를 잠근다.

위의 문구는 건물의 소화전에 부착되어 있는 내용으로 요즘에는 그림이 추가되어 있긴 하지만 내용상으로는 별반 차이가 없다.

불이 나서 소화전을 사용해야 하는 경우에 호스를 함 밖으로 꺼내고, 불을 끈 후에는 밸브를 잠근다는 설명은 하지 않아도 될 설명이 아닌가. 그런 설명보다는 실제로 소화전을 사용할 때 주의해야 할 사항이나 꼭 알아야 할 사항들(소화전 밸브를 열기 전에 관창을 꼭 두 사람 이상이 잡아야 한다거나 불을 끌 때는 불길의 가장자리에서부터 물을 뿌리기 시작해야 한다는 등)에 대해 기술해주는 것이 더욱 중요한 일이다.

다음은 어떤 보고서에 반영된 문구이다.

전략제품 적기 출시 및 제품경쟁력 강화를 통한 개발역량 확보

위의 문구를 보면 보고서 작성자의 일하는 모습이 그대로 보인다. 보고서의 작성 목적에 대한 고민(Why)보다는 보고서에 무슨 내용을 담을지(What)에 대한 고민을 먼저 한 결과로서 주객이 전도된 문장이 탄생한 것이다(개발 역량이 확보되어야 뭐든 할 수 있지 않을까?).

이처럼 우리가 일상에서 하고 있는 일들의 많은 부분이 기본조차 무시된 채 생각없이 행해지고 있음을 자주 발견한다. 투자 대비 효과가 없는 무의미한 일에 우리의 시간과 돈과 노력을 허비하고 있는 것이다.

아래 그림은 우리가 출입국할 때 여권에 찍히는 도장의 예이다. 일의 목적을 제대로 인식하고 한 일과 그냥 해야 하는 일이니까 한 일에

〈일에 대한 인식의 차이〉

대한 결과 차이를 보여주는 아주 좋은 예라 할 수 있겠다.

문서 작업에 있어서도 수동적인 태도를 버려야 한다. 내가 작성한
문서가 독자(동료, 선후배, 고객 등)에게 유용하지 않다면 그 역시 무용지물
임을 인식하고, 그 효용 가치를 높이려는 능동적인 노력이 필요하다.
연구/개발직군의 몸값은 머릿속에 든 지식보다는 그것을 얼마나 잘
엮어서 표현할 수 있는지에 따라 결정된다. "구슬이 서말이라도 꿰어
야 보배"라는 말도 있지 않은가.

연구/개발직군의 업적은 그 제품이나 서비스가 될 수도 있지만, 그
에 우선하고 영속적인 것이 문서라는 것을 부인할 수는 없을 것이다.

나는 가끔 이런 얘기도 한다. "호랑이는 죽으면 가죽을 남기고, 연구원은 죽으면 기술문서를 남긴다."

호랑이가 남긴 가죽의 중간중간에 구멍이 뻥뻥 뚫려 있다면 그 또한 무용지물일 것이다. 치즈같이 엉성한 문서가 아니라 찰떡같이 쫀득쫀득한 문서가 우리에게 더 어울리지 않는가.

대상 독자를 이해시켜야 한다

내상 독자와 작성 목적이 명확해지면 어떤 내용을 어떻게 작성할지에 대한 틀이 잡히게 된다. 그런 다음에 필요한 것은 '나는 독자를 이해시켜야 한다'는 소명의식이다.

상대를 이해시키기 위해서는 상대 입장이 되어야 한다. 내 입장에서 내가 익숙한 용어를 사용해서는 상대를 이해시킬 수가 없다. 일반적으로 커뮤니케이션의 기본을 역지사지(易地思之)라고 하지 않았던가.

그리고 독자가 어느 정도의 지식을 가졌으리라 예상하지 말아야 한다. 물론 기술문서의 특성상 사안에 따라 특정 분야의 어느 정도의 지식에 대한 전제가 필요한 경우도 있을 것이다. 하지만 이런 경우라도 그 전제라는 것에 대해 쌍방 간에 확인하는 절차나, 아니면 관련 내용을 문서에 기술하는 작업은 필요하다(독자의 범위를 정리하여 기술한다거나, 참고 자료를 기술하는 등).

'Technical Writing은 어떻게 하는가?' 하는 질문에 대답할 때 자주 사용하는 예가 있다. 바로 아이스 커피믹스 광고 카피이다.

〈아이스 커피믹스 광고 카피〉

어떤 회사는 '동결건조 커피'라는 카피로 광고를 했고, 경쟁사는 '찬물에 잘 녹는 커피'라는 카피로 광고를 했다. 광고의 독자는 누구인가?

독자는 기술(동결건조 기술)보다는 자신이 누릴 수 있는 혜택(좀 더 편하게 아이스커피를 즐길 수 있겠네)에 더 많은 관심이 있을 것이다.

Technical Writing은 한마디로 '목적에 부합하면서 독자에게 먹히는 글쓰기'를 뜻한다.

문서를 작성할 때, 대상 독자와 작성 목적을 명확하게 파악하고 독자를 이해시켜야 하는 의무에 대해 인식했다면 문서 작성을 위한 준비가 거의 다 되었다고 할 수 있겠다.

이제부터 해야 할 것은 Technical Writing을 하기 위해 쏟은 노력의 효과를 극대화시킬 수 있는 몇 가지 원칙을 알고 그것을 적극적으로 써먹는 것뿐이다.

현장에서 연구/개발을 하는 연구원들은 바쁜 업무 중에 시간을 할애하여 나름대로 열심히 문서를 작성하는데, 문서 품질이 좋지 않다는 이야기를 듣게 되는 이유를 모르겠다는 하소연을 종종 한다. 작성자가 보기에는 문제가 없는데 조직/수요자는 문제라고 한다는 식이다. 이런 이야기를 듣다 보면 문서 작성자가 무엇을 잘해야 하고 무엇을 잘못하고 있는지에 대한 학습 과정이나 공유 과정이 없었던 것 또한 우리의 문제라는 생각을 하게 된다.

그래서 다음 장에서는 소통의 효율을 높이기 위한 Technical Writing 세부 원칙에 대해서 정리하고자 한다.

3장

Technical Writing 세부 원칙

우리가 해야 하는 writing은 일반 writing이 아니라 Technical Writing이므로 커뮤니케이션의 효율을 높일 수 있어야 한다. 이를 위해서는 책의 서두에서도 언급했듯이 논리적인 체계와 쉬운 문장, 보는 것만으로도 이해되게 하는 시각적(visual) 요소의 적절한 활용 등의 조건이 만족되어야 한다.

이 장에서는 이러한 조건들을 문서에 적용하는 방법에 대해 설명하고자 한다.

> 무엇을 쓰든 짧게 써라. 그러면 읽힐 것이다.
> 명료하게 써라. 그러면 이해될 것이다.
> 그림같이 써라. 그러면 기억 속에 머물 것이다.
>
> - 조지프 퓰리처(Joseph Pulitzer)

문서의 구성을 먼저 고민하라

문서 구성은 새의 관점에서 한다
숲을 먼저 보여주고 나무를 설명하라

문서를 작성할 때 '논리성'에 대한 고민을 한 번쯤은 해봤을 것이다. 문서의 논리라는 것은 문서 내용의 구성, 즉 배열의 문제라고 할 수 있다. 동일한 내용이라도 어떻게 배열하느냐에 따라 독자가 이해하는 폭에 큰 차이가 있다.

내가 알고 싶은 내용이 일목요연하게 잘 정리되어 있다고 느끼게 할 수 있는 반면, 같은 내용이라도 문서 내용의 전개가 독자의 인식 논리에 맞지 않는 경우에는 도대체 무엇에 대해 무엇을 설명하고 있는 것인지 모르겠다는 반문으로 돌아올 수도 있다.

논리를 이야기할 때, 우리가 생각해야 할 단어는 'MECE(Mutually Exclusive & Collectively Exhaustive)'이다. MECE는 Mckinsey & Company에서 업무 또는 문서 작업의 기본으로 활용하고 있는 개념이다. 우리말로는 '서로 중복되지 않으며 전체적으로 누락이 없다' 정도로 해석할 수 있다.

문서 작성에 있어 MECE를 적용한다면, 작성 목적을 충족시킬 수 있는 내용이 모두 반영되어 있으면서도 내용 간에 중복됨이 없이 간결하게 정리되어 있어야 하겠다.

이런 관점에서, 우리가 문서를 작성하고자 할 때 다음 사항들을 우선 고려해야 한다.

- 작성 목적을 명확하게 해야 한다: 무슨 내용을 어떻게 작성할 것인지 기획
- 숲을 먼저 보여주고 나무를 설명한다: 기획 의도에 맞는 내용을 기초로 MECE적으로 문서 체계 잡기
- 나무를 설명할 때도 나무의 전체 모습을 먼저 보여주고 부분을 설명한다: 개요 → 전체 윤곽 설명 → 상세 설명 순으로 내용 전개

비즈니스 현장에서 작성/관리되고 있는 문서들을 MECE 관점에서 살펴보면, 우리 문서들은 숲도 보여주지 못하고 나무도 그려주지 못하면서 나무의 일부분에 대해서만 지나치게 상세하게 기술한 경우가 많다. 새의 관점에서 나무를 봐야 하는 상황인데 벌레의 관점에서 출발하고 있는 느낌이라고 할까.

상황이 이러하다 보니, 그 분야의 전문가가 아닌 이상은 문서의 내용을 이해하기가 힘들다.

해당 문서가 전문가 집단 내에서만 소용되는 문서라면 상관이 없겠지만 현재의 비즈니스 상황은 비전문가 또는 준전문가 집단을 대상으

로 전문적인 내용에 대해 의사소통해야 하는 경우가 더 많다. 그렇다고 비전문가 대상의 의사소통이 필요한 경우에 그들을 대상으로 문서 작업을 따로 하는 것도 사실상 어려운 일이다.

그러므로 처음부터 독자의 폭을 최대한 넓혀서 기획하고, 본인이 지금 이야기하려는 부분이 코끼리의 꼬리 정도만일지라도 코끼리의 생김새가 어떤지, 그리고 꼬리는 코끼리의 전체 모습 중에 어느 부분인지를 먼저 설명한 다음에 꼬리에 대해 구체적으로 설명하는 구조로 문서를 구성하여 문서의 효용성을 높여야 한다.

문서의 논리는 일반적으로 목차에서 확인할 수 있다. 그러므로 문서를 작성할 때, 먼저 문서 내용에 대한 목차를 구성해보는 것이 좋다. 그러면 목적에 맞는 내용들이 빠짐없이 언급되었는지, 내용들을 어떻게 배열하는 것이 독자의 이해를 도울 수 있는지 등을 점검할 수 있어 문서 내용의 논리성을 어느 정도 확보할 수 있다.

문장은 완전한 문장이어야 한다

Technical Writing에서 말하는 완전한 문장이란, 맥락을 짚어가야만 의미가 해석되고 이해되는 수준의 문장이 아니라, 그 자체만으로도 충분히 의미를 명확하게 나타낼 수 있는 문장을 의미한다. 그리고 해당 분야에 대한 지식이 없는 사람도 읽고 이해하는 데 무리가 없는 문장이어야 한다.

그러기 위해서는 첫째로 국문법 측면에서 요구되는 문장 구성 요소가 빠지지 않고, 단어의 배열이 적절하여 문장의 의미가 명확해야 한다.

다음 문장을 살펴보자.

강대국 프랑스는 베트남의 독립을 인정하지 않았고, 7년간의 전쟁으로 북위 17도 선을 경계로 하여 분단되었다.

위 문장을 읽고 문장이 이상하다고 느끼는 사람은 많지 않을 것이다. 그러나 국문법 측면에서 다시 한번 들여다보면 문제가 있는 문장

임을 알 수 있다. 문법적인 측면에서 마지막 서술어인 '분단되었다'의 주체는 프랑스이다. 그렇다면 이 문장은 베트남이 아닌 프랑스를 분단 시키게 되는 것임에도 불구하고 우리는 공공연하게 이런 유형의 문장을 작성하고 있으며 또 아무 문제없이 이해하고 있다. 왜냐하면 우리 모두는 이 문장에서 말하고자 하는 내용을 이미 알고 있기 때문이다.

하지만 우리가 쓰는 모든 주제에 대해서 독자가 이미 알고 있다고 전제할 수 있는가? 만약 그렇다면 구태여 우리가 글쓰기를 할 이유가 없지 않은가? 그러므로 우리가 비즈니스 분야의 글쓰기를 할 때는 해당 내용에 대해 잘 모르는 사람이 대상 독자라는 전제를 두어야 한다. 내가 전달하고자 하는 내용을 정확하게 전달하려면 우선적으로 모든 술어의 주체가 문장에 반드시 드러나도록 문장을 작성해야 한다.

우리 연구원들이 작성한 문서에 나타나는 공통적인 현상은 주어가 없는 문장이 많다는 것이다. 연구/개발 관련 문서가 대부분 하나의 주제를 다루고 있다 보니 그럴 수 있겠지만, 주어가 없음으로 해서 생기는 여러 가지 문제점을 고려한다면, 작성자 입장에서는 너무나도 뻔한 주어이지만 문장에 꼭 반영하는 것을 원칙으로 삼아야 한다.

주어 생략으로 생기는 문제점

주어를 생략하면 문장의 주체와 대상이 명확하지 않아 문장의 의미가 애매해 진다. 그래서 이런 경우 다국어로 번역 시 오역의 가능성이 높아진다.

우리글은 주어를 생략해도 글이 되고 의미가 통한다는 것이 주어 없는 문장이 많은 이유가 되겠지만, 그것보다는 내가 쓴 글을 누군가가 읽는다는 생각을 하지 않기 때문에 주어를 생략하게 되는 것이 아닌가 하는 생각을 한다.

우리가 학창 시절에 선생님께 검사받기 위해 썼던 일기를 한번 생각해보자. 그때 일기의 첫 문장은 항상 '나는 오늘'로 시작하지 않았던가. 선생님은 일기 검사를 해줄 때마다 "네가 네 일기를 쓰는데 '나는 오늘'이 왜 필요하냐?"고 반문하셨지만 우리는 쉽게 그 두 단어를 포기할 수 없었다. 왜냐하면 선생님이 내 일기를 읽을 것이라는 생각을 떨칠 수 없었기 때문이다.

우리가 업무상 작성하는 모든 문서에는 독자가 존재한다. 그러므로 그 독자가 내가 쓴 글의 내용을 이해하는 데 어려움이 없도록 해야 한다는 생각을 한다면 절대로 주어를 생략한 문장으로 글을 쓰지는 않을 것이다.

문장 구성 요소들의 적절한 배열 역시 완전한 문장이기 위한 필수 요건이다. 다음의 예를 보자.

LAST_INPUT_TIME: 마지막으로 실행된 명령어 시간
→ 명령어가 마지막으로 실행된 시각

시뮬레이션의 목적은 컴퓨터를 이용하여 실제로 제작 또는 실험하지 않고도 그 특성을 조사하는 데 있다.
→ 시뮬레이션의 목적은 실제로 제작 또는 실험하지 않고 컴퓨터를 이용하여

그 특성을 조사하는 데 있다.

위의 예처럼 같은 단어들을 이용한 글이지만 각 단어를 어떻게 배열하는지에 따라 문장의 품질이 달라짐을 인식하여 내용을 정확하고 쉽게 설명할 수 있는 배열이 되도록 작성하고 검토해야 한다.

완전한 문장이기 위한 두 번째 요건은 구체적이고 명확한 의미의 용어를 사용해야 한다는 것이다.
다음 문장들의 의미를 파악해보자.

> 이 명령어는 특정 cell의 Downlink Common Channel의 출력을 풀어버린다.
> 하나의 라우터가 하나 이상의 IP 라우팅 프로토콜을 돌리는 경우가 있다.
> 프로세서가 살았는지를 확인한다.
> 보드에 올라가는 S/W application들을 구동한다.
> 입력된 신호에서 ATM 셀 경계를 잊어버린 경우에 발생한다.

만약 문장 작성자들에게 해당 용어의 의미에 대해 물어본다면, 아마 좀 더 구체적이고 명확한 의미의 용어들을 사용한 설명을 들을 수 있을 것이다. 작성자들이 상대를 이해시키기 위해 설명할 때 사용하는 용어로 명확하게 문장을 적는다면 문장 품질이 한층 나아질 것이다.

일상적으로 우리가 말을 할 때 사용하는 용어는 공식적인 문서에 사용하기에 부적합한 경우가 많다. 그러므로 글을 쓸 때는 해당 용어가 문장을 읽는 사람 모두가 명확하게 문장의 의미를 이해하는 데 무리가 없는지 확인해야 한다. 앞에서 기계가 이해할 수 있게 문장을 작성해야 한다고 했는데, 과연 기계는 위에 언급한 단어들을 어떻게 이해할까를 생각한다면 내가 어떤 용어를 사용해야 하는지에 대한 힌트를 얻을 수 있을 것이다.

미국 원어민들의 학습 난이도를 기준으로 분류할 때 한국어는 아랍어, 일본어, 중국어 등과 함께 '초고난도 언어'에 해당한다고 보도된 적이 있다.

이 보도 내용은 미국인들이 우리말을 익히는 게 어렵다는 의미도 되겠지만, 우리가 작성한 문서를 영어(나국어)로 번역할 때, 작성자가 의도한 내용대로 정확하게 번역되기가 쉽지 않다는 의미이기도 하다.

미 의회 소속인 회계감사원(GAO)은 최근 미 상원에 보고한 '미 국무부 직원들의 외국어 능력 평가 보고서'에서, 각국 언어를 '세계언어(world languages)', '고난도 언어(hard languages)', '초고난도 언어(superhard languages)'로 분류했다.

이는 미국 원어민을 기준으로 학습 난이도에 따른 구분으로, 한국어는 중국어, 일본어, 아랍어와 함께 영어와 아무 관계가 없고 배우기가 특별히 어려운 '초고난도 언어' 4개 중 하나로 분류됐다. '세계언어'는 영어와 밀접한 관계를 가진 언어로, 스페인어, 불어, 이탈리아어, 스웨덴어, 노르웨이어 등 10개어다. '고난도 언어'는 체코어, 그리스어, 히브리어, 러시아어, 터키어 등 50개 언어가 꼽혔다.

그러므로, 문장을 작성할 때 읽는 사람이 오해할 여지가 없는지를 충분히 검토하는 습관을 가져야 한다.

조사를 정확하게 사용하라

우리는 영어로 문장을 작성할 때 어떤 조사(전치사)를 사용할지 고민을 많이 한다. 다른 나라 말이다 보니 그 쓰임새를 잘 몰라서 정확한 조사가 어떤 것인지를 놓고 고민을 하는 것 같다. 그런데 우리말로 문장을 작성할 때는 조사 사용에 있어 많은 고민 없이 편하게 사용하는 듯하다.

하지만 이 조사의 정확하지 않은 사용으로 인해 문장의 의미가 정확하게 전달되지 않는 경우가 의외로 많다. 문장의 의미를 아는 사람에게는 조사가 그냥 전체 의미에 묻혀서 별 기능이 없는 보조적인 용도로 인식되겠지만, 문장의 의미가 잘 이해되지 않아 문장을 꼼꼼하게 다시 읽고 있는 사람에게 조사의 기능은 아주 중요하다.

특히 문맥에 따라 조사의 해석이 달라지는 경우가 많으므로 문장의 의미를 명확하게 하기 위해서는 조사를 정확하게 사용해야 한다.

다음 문장에서 조사 '로'의 의미를 따져보자.

이 커넥터는 확장랙을 위한 커넥터로 사용되지 않는다.

위의 문장은 다음과 같은 두 가지 의미로 해석할 수 있다.

a) 이 커넥터는 확장랙을 위한 커넥터로는 사용되지 않는다.
b) 이 커넥터는 확장랙을 위한 커넥터이며, 현재 형상에서는 사용되지 않는다.

각각의 의미에 대해 문장을 다음과 같이 고쳐 쓴다면 의미의 혼동을 막을 수 있다.

a) 이 커네터는 확장랙을 위한 커넥터루(써)는 사용되지 않는다.
b) 이 커넥터는 확장랙을 위한 커넥터로서 현재 형상에서는 사용되지 않는다.

다음의 문장은 그 의미를 명확하게 하기 위해 조사를 고쳐 쓴 경우의 예이다.

Network 장비 혹은 NMS 서버의 상태를 이벤트로 전송하기 위한 용도로 사용되며 단방향으로만 전달된다.

(오역 예문: This is used for transmitting the status of the network device or the NMS server to the event, and the transmission is done in only one way.)

→ Network 장비 혹은 NMS 서버의 상태를 이벤트 형태로/형식으로 전송하기 위한 용도로 사용되며 단방향으로만 전달된다.

특히, 조사 '~로'의 경우 문맥에 따라 해석이 달라지는 경우가 많이 있으므로 Technical Writing에서는 가급적 조사 '~로'의 사용을 최소한으로 하고 다른 조사 또는 다른 표현으로 고쳐 쓰는 것이 좋다.

그리고 조사 '와/과'는 'and'로 번역되는 경우가 많으므로 문맥상 'and'의 의미가 아닌 '와/과'는 다른 표현으로 고쳐 쓰거나 문장 구성 요소들의 위치를 조정하여야 한다.

ANTS는 이동 단말기와 무선 인터페이스를 수행하는 시스템이다.
(오역 예문: ANTS is a system performing mobile station and air interface.)
→ ANTS는 이동 단말기와의 무선 인터페이스를 수행하는 시스템이다.

FRH-2는 SDU와 'Digital I/Q and C & M' 광 인터페이스를 통해 정합한다.
→ FRH-2는 'Digital I/Q and C & M' 광 인터페이스를 사용하여 SDU와 정합한다.

이처럼 작성자의 사소한 실수가 독자에게는 커다란 불만 사항으로 남을 수 있고, 그 불만이 쌓여서 문서 또는 제품에 대한 신뢰도를 떨어뜨릴 수 있다는 점을 명심해야 한다.

조사 은/는, 이/가, 을/를, 와/과 등은 문장을 읽을 때 자연스럽게 연결되는 것을 사용하고, 괄호 다음에 조사가 나오는 경우에는 괄호 앞 말에 자연스럽게 연결되는 것을 사용한다.

연결형(ROSM-C)과 종단형(ROSM-T)이 있다.

조사 '의'를 남용하지 않는다

관형격 조사 '의'의 사용을 줄이고, 가능한 한 서술적으로 풀어 쓴다.

- 문자의 복사의 범위를 지정한다.(×)
- 복사할 문자의 범위를 지정한다.(○)

불필요한 '을/를'은 쓰지 않는다

- 소프트웨어 패키지를 설치를 한다.(×)
- 소프트웨어 패키지를 설치한다.(○)

- 장애가 발생한 결과를 이용하여 시험을 한다.(×)
- 장애가 발생한 결과를 이용하여 시험한다.(○)

불필요하게 조사를 겹쳐 쓰지 않는다

- 시스템으로부터의 메시지에 의해(×)
- 시스템에서 보낸 메시지에 의해(○)

원어나 영어로 표기된 단어 뒤에 쓰이는 조사는 앞말의 발음에 따라 표기한다

원어나 영어로 표기된 단어가 약어인 경우, 조사는 조사 바로 앞에 쓰인 로마자의 발음에 따라 표기한다.

GAP은 → GAP는(지 에이 피는)

원어나 영어로 표기된 단어가 약어가 아닌 경우, 조사는 해당 단어의 발음에 따라 표기한다.

Ethernet는 → Ethernet은(이더넷은)

명확한 의미의 용어를 사용하라/
의미를 명확하게 표현하라

Technical Writing 관점에서, 용어는 일물일어(一物一語)의 원칙을 지킬 것을 권장한다.

단지 체언뿐만 아니라 용언들도 그 의미를 명확하게 하고 통일하여 사용하는 것이 좋다.

그리고 무엇보다도 구어체에서 사용하는 편한 말들을 문서에 그대로 반영했을 경우에는 작성자의 의도가 독자에게 정확하게 전달되기 어렵다는 점을 감안하여 용어 선택에 주의를 기울여야 한다.

다음의 예를 보자.

이 명령어는 특정 cell의 Downlink Common Channel의 출력을 풀어버린다.

위의 문장에서는 '출력을 풀어버린다'라는 서술어의 의미가 명확하지 않다. 그럼으로써 해당 명령어의 기능을 정확하게 이해하기 힘들다.

이처럼 명확하지 않은 서술어의 사용으로 문서 내용에 대한 신뢰성을 잃는 일이 많으므로 주의해야 한다.

Technical Writing을 할 때는 구체적이고 명확한 의미의 용어를 사용해야 한다.

다음 문장은 그 의미를 명확하게 하기 위해 고쳐 쓴 예이다.

[틀리다 → 다르다]

> 내부 블록에서 생성한 auto message는 UI에 접속된 CLI or EMS에 따라 출력 format을 틀리게 해서 출력한다.
> → 내부 블록에서 생성한 auto message는 UI에 접속된 CLI or EMS에 따라 출력 format을 다르게 해서 출력한다.

> * '틀리다' 는 셈을 잘못 해서 얻은 값이나, 어떤 사실을 잘못 알고 표현한 말 등 여러 가지로 쓰인다. '다르다' 는 두 가지 이상의 대상물이 가지고 있는 성질이나 모양에 차이가 있다는 말, 즉 같지 않은 것이다. 한자로는 다를 이 [異] 자다. 대부분 '다르다' 의 자리에 '틀리다' 를 잘못 쓰고 있는 경우가 많다.

[내리다 → 전달하다/전송하다]

> User가 DSH를 통해 내리는 application 제어 요구는 DUL을 통하여 application에 반영된다.

→ User가 DSH를 사용하여 전송하는 application 제어 요구는 DUL에서 처리된 후 application에 반영된다.

[내리다 → 입력하다]

UI는 명령어 입/출력 기능을 제공하는 모듈이다. 운용자가 CLI나 EMS를 통해서 명령어를 내리면, 이 명령어를 UI가 받아서 SGSN TP의 내부 블록으로 전송하고, 수행 결과를 CLI나 EMS로 전송한다.
→ UI는 명령어 입/출력 기능을 제공하는 모듈이다. 운용자가 CLI나 EMS에서 명령어를 입력하면, 이 명령어를 UI가 받아서 SGSN TP의 내부 블록으로 전송하고, 수행 결과를 CLI나 EMS로 전송한다.

[들어간다 → 실행한다]

configure 모드에서 'interface anc_0'로 들어간다.
→ configure 모드에서 'interface anc_0'를 실행한다.

[통해 → 사용하여]

ACR이 수집한 과금 정보는 Diameter 프로토콜을 통해 AAA 서버에 전달된다.
→ ACR이 수집한 과금 정보는 Diameter 프로토콜을 사용하여 AAA 서버에 전달된다.

[깨어나다 → 다시 사용하다]

이 모드에서는 시스템이 꺼져 있는 것과 유사한 전력을 소비합니다. 깨어나려면 전원 버튼을 누르면 됩니다.

→ 이 모드에서는 시스템이 꺼져 있는 것과 유사한 전력을 소비합니다. 다시 사용하려면 전원 버튼을 누릅니다.

약어를 제대로 사용하라

나에게 익숙한 약어를 다른 분야에서는 다른 의미로 사용하고 있는 경험을 한 적이 있을 것이다. 일례로 일상에서 사용하는 현금자동지급기를 ATM이라고 한다. 여기서 ATM은 Automatic Teller Machine의 약어이다. 하지만 정보통신 분야에서 ATM은 비동기전송모드를 의미하는 Asynchronous Transfer Mode의 약어로 사용되고 있다. 이처럼 자기 분야에서 사용하는 약어가 모든 사람들에게 동일한 의미로 해석되기를 기대할 수 없는 것이 현실이다. 그러므로 비즈니스 현장에서 사용하는 약어는 정확하게 정의하는 절차가 꼭 필요하다.

이같은 상황에도 불구하고 약어의 개념을 정의(명시)하지도 않은 채 약어를 사용한다거나 심지어는 약어를 정의해 놓고도 문서 전체에 걸쳐 해당 약어를 풀어쓴 경우를 보면, 우리 연구원들이 약어의 사용법에 대해서 제대로 인식하지 못하고 있는 것 같다.

먼저 약어가 무엇인지부터 되새겨 보자. **약어란 단어 및 용어를 원래의 어형보다 간략하게 단축하여 표기한 것이다.** 약어는 반복하여 사용되는 긴 용어를 경제적으로 표현할 수 있도록 하기 때문에 일반적으로 많이 사용하고 있다. 그러므로 약어는 문서에서 처음 등장할 때

한 번 풀어서 설명하고, 이후부터는 약어만 사용하는 것이 기본이다.

이런 기본 지식을 기초로 약어를 사용한다고 하더라고 현업에서 일을 하다 보면, 약어를 풀어쓰거나 약어를 만들어야 할 때 어떤 글자를 대문자로 표기하고 또 어떤 글자를 소문자로 표기해야 할지 고민하게 된다.

이러한 고민을 줄이기 위해 여기서는 약어를 만들 때 기준으로 삼을 수 있는 몇 가지 원칙을 제시하고자 한다.

대원칙]　　약어에 사용된 단어의 첫 글자는 대문자로 표기한다.

예) CDMA: Code Division Multiple Access

보조 원칙 1]　약어 내의 두 글자 이상이 한 단어에서 추출된 것일 때에도 단어의 첫 글자만 대문자로 표기한다.

예) LLB: Line Loopback

보조 원칙 2]　약어에 사용되지 않은 단어는 소문자로 표기한다.

예) LUNI: LAN emulation User to Network Interface

보조 원칙 3]　약어에서 소문자로 사용된 단어는 풀이에서도 소문자로 표기한다.

예) EUnet: European UNIX network

보조 원칙 4]	약어 내에 다른 약어가 포함된 경우에는 풀어서 표기한다. 예) VoIP: Voice over Internet Protocol

보조 원칙 5]	약어 내에 다른 약어의 일부가 포함된 경우에는 약어로 표기한다. 예) ISCP: ISDN Signaling Control Part

보조 원칙 6]	약어에 있는 숫자/특수문자는 풀이에서도 숫자/특수문자로 표기한다. 예) IMT-2000: International Mobile Telecommunication-2000

일반적으로 약어는 대문자로 표기한다. 그런데 기술문서를 보다 보면 분명 약어임에도 불구하고 소문자로 표기한 경우가 많다. 이것은 마치 도로에서 운전을 할 때 본인은 교통 규칙을 위반하면서 교통사고 없이 자동차의 흐름이 원활하기를 바라는 것과 별반 차이가 없다. 기본/원칙을 아는 것 이상으로 기본/원칙을 지키는 것이 중요하다.

띄어쓰기를 정확하게 하라

우리는 일상에서 띄어쓰기 정도는 틀려도 별 상관이 없다고 생각하고 있다. 띄어쓰기가 틀려도 내 글을 읽는 사람은 내가 밀하려고 하는 것이 무엇인지 이해할 것이라고 생각하는 것이다. 읽는 사람이 "띄어쓰기가 틀렸구나" 하고 그것을 감안하여 글을 읽고 그 내용을 이해함에 문제가 없으면 다행이지만, 그렇지 않은 경우도 많다.

요즘처럼 기술의 발전 속도가 빠르고 새로운 개념이 나날이 생겨나는 때, 내가 띄어쓰기를 잘못한 단어를 독자가 새로운 단어로 인식하는 경우는 없을까?

다양하고 복잡한 정보가 넘쳐나는 시대에 전달하고자 하는 정보를 제대로 전달하기 위해서는 띄어쓰기도 꼭 지켜야 하는 규칙이다.

일례로 우리는 학창 시절에 다음 문장을 이용하여 띄어쓰기 공부를 했다.

아버지 가방에 들어간다.

위 문장에서 띄어쓰기가 잘못되었다고 지적할 수 있으려면 '아버지', '가방', '들어간다'의 의미를 알아야만 한다. 만약 각각의 의미를 모르는 사람이라면 이 문장에 오류가 있음을 인식하지 못할 것이다. 이런 관점에서 본다면 매일매일 수많은 신조어가 생겨나는 시대에 살고 있는 우리가 더욱 철저하게 지켜야 하는 것이 띄어쓰기 규칙이다.

띄어쓰기 관련해서는 한글 맞춤법 제1장 총칙의 제2항에 "문장의 각 단어는 띄어 씀을 원칙으로 한다"라고 반영되어 있으며, 제5장에는 다음과 같은 내용이 반영되어 있다.

제41항	조사는 그 앞말에 붙여 쓴다.
제42항	의존 명사는 띄어 쓴다.
제43항	단위를 나타내는 명사는 띄어 쓴다. 다만, 순서를 나타내는 경우나 숫자가 어울리어 쓰이는 경우에는 붙여 쓸 수 있다.
제44항	수를 적을 적에는 '만(萬)' 단위로 띄어 쓴다.
제45항	두 말을 이어주거나 열거할 적에 쓰이는 말들은 띄어 쓴다.
제46항	단음절로 된 단어가 연이어 나타날 적에는 붙여 쓸 수 있다.
제47항	보조 용언은 띄어 씀을 원칙으로 하되, 경우에 따라 붙여 씀도 허용한다.
제48항	성과 이름, 성과 호 등은 붙여 쓰고, 이에 덧붙는 호칭어, 관직명 등은 띄어 쓴다. 다만, 성과 이름, 성과 호를 분명히 구분할 필요가 있을 경우에는 띄어 쓸 수 있다.
제49항	성명 이외의 고유 명사는 단어별로 띄어 씀을 원칙으로 하되, 붙여 쓸 수 있다.

이 규정은 대단히 명료해 보이지만 실제로는 그렇지 않다. 띄어쓰기의 기본 단위인 '단어'의 개념 자체가 모호하기 때문이다.

여기서는 자주 틀리는 띄어쓰기에 대해 정리함으로써 글을 제대로 쓰고자 노력하는 이들에게 도움을 주고자 한다.

'별'의 띄어쓰기

1) 별(別): 관형사, 띄어 쓴다.

　　의미: 보통과 다르게 두드러지거나 특별한.

　　예: 그와 나는 별 사이가 아니다, 별 부담없이 나의 생각을 말해 주었다.

2) 별(別): 접미사, 붙여 쓴다.

　　의미: (일부 명사 뒤에 붙어) '그깃에 따른'의 뜻.

　　예: 능력별, 성별, 월별, 직업별, 학년별.

'상'의 띄어쓰기

1) 상(上): 접미사, 붙여 쓴다.

　　의미: (일부 명사 뒤에 붙어) '그것과 관계된 입장'의 뜻.

　　예: 관계상, 미관상, 사실상, 절차상.

2) 상(上): 접미사, 붙여 쓴다.

　　의미: (일부 명사 뒤에 붙어) '구체적인 또는 추상적인 공간에서의 한 위
　　치'의 뜻.

　　예: 인터넷상, 전설상.

3) 상(狀): 접미사, 붙여 쓴다.

　　의미: (일부 명사 뒤에 붙어) '모양' 또는 '상태'의 뜻.

　　예: 나선상, 계단상, 원반상, 포도상.

'데'의 띄어쓰기

1) **명사 또는 의존 명사, 띄어 쓴다.**

의미: '곳'이나 '장소', '일'이나 '것', '경우' 등의 뜻.

예: 올 데 갈 데 없는 사람, 재시작하는 데 걸리는 시간, 머리 아픈 데 먹는 약.

2) **어미, 붙여 쓴다.**

의미: 과거 어느 때에 직접 경험하여 알게 된 사실을 현재의 말하는 장면에 그대로 옮겨 와서 말함을 나타냄.

예: 그 친구는 아들만 둘이데.

＊ **'-데'는 화자가 직접 경험한 사실을 나중에 보고하듯이 말할 때 쓰이는 말로 '-더라'와 같은 의미를 전달하는 데 반해, '-대'는 직접 경험한 사실이 아니라 남이 말한 내용을 간접적으로 전달할 때 쓰인다.**

'못'의 띄어쓰기

부사, 띄어 쓴다.

의미: (주로 동사 앞에 쓰여) 동사가 나타내는 동작을 할 수 없다거나 상태가 이루어지지 않았다는 부정의 뜻을 나타내는 말.

예: 초등학교도 못 마치다, 그는 아무도 못 말린다, 금구에서 전주까지는 사십 리가 못 되었다.

＊ **'못'이 '되다'와 결합하여 품행이 좋지 않거나 일이 뜻대로 되지 않음을 나타낼 때는 한 단어로서 붙여 쓴다.**

예: 못된 짓만 골라 한다, 못된 게 남의 탓이야.

* 합성어로 굳어진 '못하다'는 한 단어로서 붙여 쓴다.

- • '일정 수준에 못 미치거나 할 능력이 없다'는 뜻을 지닐 때

  예: 술을 못하다. 음식 맛이 예전보다 못하다.

- • '아무리 적게 잡아도'라는 뜻을 지닐 때

  예: 잡은 고기가 못해도 열 마리는 되었다.

- • 용언의 어간 뒤에 '-지 못하다'는 구성으로 쓰일 때

  예: 말을 잇지 못하다. 아름답지 못하다.

'안'의 띄어쓰기

부사, 띄어 쓴다.

의미: '아니'의 준말.

예: 비가 안 온다. 안 먹고는 살 수 없다.

* '안'이 '되다'와 결합하여 일이 좋게 이루어지지 않거나 사람이 훌륭하게 되지 못함을 나타낼 때는 한 단어로서 붙여 쓴다.

예: 경기가 안 좋아서 장사가 잘 안된다. 자식이 안되기를 바라는 부모는 없다.

'부(部)'의 띄어쓰기

(일부 명사 뒤에 붙어)

1) '부분'이나 '부문(部門)'의 뜻을 더하는 접미사, 붙여 쓴다.

예: 중심부, 어휘부, 입력부, 출력부, 상단부, 하단부.

2) '업무 부서'의 뜻을 더하는 접미사, 붙여 쓴다.

예: 인사부, 출판부, 홍보부.

'괄호'의 띄어쓰기

괄호는 국문 문서에서는 앞말에 붙여 쓰고, 영문 문서에서는 띄어 쓴다.

예: 니체(독일의 철학자)는 이렇게 말했다.

Nietzsche (German Philosopher) said.

'전문어'/'고유 명사'의 띄어쓰기

전문어와 고유 명사는 모두 단어별로 띄어 쓰는 것이 원칙이지만 전문어는 붙일 수 있고 고유 명사는 '단위'별로 띄어 쓸 수 있다. '금동/미륵보살/반가/사유상'을 붙여 쓰는 것보다 빗금처럼 단어별로 나눠 쓰는 것이 좀 더 이해하기가 쉽다. 고유 명사의 '단위'는 자연스러운 직관상의 경계라고 할 수 있다.

단어별로 띄어 쓴 '서울/대학교/의과/대학/부속/병원'보다는 단위별로 띄어 쓴 '서울대학교/의과대학/부속병원'이 독자에게 좀 더 친숙하다.

'수'의 띄어쓰기

수는 만 단위로 띄어 쓴다. 45는 '마흔 다섯'으로 띄어 써야 할 듯하지만 '마흔다섯'으로 붙여 쓴다.

'외래어'의 띄어쓰기

외래어는 원어의 띄어쓰기에 따라 띄어 쓴다. 하지만 원어에는 띄어 썼지만 관용상 붙여 쓰는 것들이 있다. '아이스크림, 홈런, 골인' 등이 그러한 예이다.

그리고 음운론적 융합이 일어난 경우에도 떼어 쓰지 않는다.

예: 애드벌룬, 에어컨.

문장 부호를 제대로 사용하라

우리가 쓰고 있는 모든 문장에는 문장 부호가 들어간다. 우리는 여러 가지 문장 부호를 활용하여 문장을 작성하고 있지만, 그 용법에 대한 정확한 규정을 몰라서 나름대로의 원칙을 만들어서 사용하는 경우가 많다. 우리 어문 규정에서 문장 부호의 용법을 자세히 설명하지 않고 있는 것도 우리가 정확한 문장 부호 사용 기준을 갖고 있지 못한 원인 중 하나라고 할 수 있겠다.

우리와 달리 영어의 경우 문장 부호의 사용에 대해 아주 상세하게 규정하고 있다. 예로, *The Chicago Manual of Style*(14판, 1993)에서는 문장 부호(punctuation) 사용에 대해 무려 136개 항에 걸쳐 규정하고 있으며, 쉼표(comma)에 대한 규정도 59개 항에 달한다.

문장에서 쉼표 하나가 문장의 의미를 바꿀 수 있다는 사실을 감안한다면, 문장 부호의 중요도에 대한 인식을 다시할 필요가 충분하다.

다음의 문장을 보자.

이 커넥터는 확장랙을 위한 커넥터로 사용되지 않는다.

위 문장을 쓴 사람이 해당 문장을 영문으로 번역한 것은 "This connector is for extension rack, but not used at this configuration"이다. 하지만 번역사 및 주변의 동료들은 이 문장을 "This connector is not used for extension rack"으로 번역했다.

만약 작성자가 위의 문장을 '이 커넥터는 확장랙을 위한 커넥터로, 사용되지 않는다'로 적었다면 문장의 의미를 명확하게 할 수 있었을 것이다.

여러 가지 문장 부호 가운데, Technical Writing에 주로 사용하는 마침표, 쉼표, 괄호, 따옴표에 대한 정의 및 사용법을 정리해보자.

마침표

어문 규정에서 정의하고 있는 마침표에는 온점(.), 물음표(?), 느낌표(!)가 있다.

일반적으로 서술형 문장의 끝에 쓰는 마침표는 온점이라고 하며 그 쓰임은 다음과 같다.

- 서술, 명령, 청유 등을 나타내는 문장의 끝에 쓴다. 단, 표제어나 표어에는 쓰지 않는다. 그러므로, 문서에 반영된 제목이나 전자우편의 제목이 문장 형식인 경우에는 온점을 쓰지 않음에 유의해야 한다.
- 아라비아 숫자만으로 연월일을 표시할 적에 쓴다.

  예: 1919. 3. 1.

- 표시 문자 다음에 쓴다.

  예: 1. 마침표, 가. 물음표 등

- 준말을 나타내는 데 쓴다.

  예: 서. 1997. 3. 5.(서기)

쉼표

어문 규정에서 정의하고 있는 쉼표에는 반점(,), 가운뎃점(·), 쌍점(:), 빗금(/)이 있다.

반점은 문장에서 호흡상 쉬면 좋은 곳이나 문법상 필요한 곳에 쓴다. 가운뎃점은 열거된 여러 단위가 대등하거나 밀접한 관계임을 나타낼 때 쓴다. 쌍점은 내포되어 있는 종류를 나열할 때 쓰고, 빗금은 대응 · 대립되거나 대등한 것을 보여줄 때, 분수를 나타낼 때 쓴다.

반점의 쓰임

어문 규정에서는 반점을 다음의 경우에 사용하는 것으로 정의한다.

반점 쓰임	예문
같은 자격의 어구가 열거될 때	근면, 검소, 협동은 우리 겨레의 미덕이다.
짝을 지어 구별할 필요가 있을 때	닭과 지네, 고양이와 개는 상극이다.
바로 다음의 말을 꾸미지 않을 때	성질 급한, 철수의 누이동생이 화를 냈다.
대등하거나 종속적인 절이 이어질 때에 절 사이에	콩 심으면 콩 나고, 팥 심으면 팥 난다.
부르는 말이나 대답하는 말 뒤에	예, 지금 가겠습니다.
제시어 다음에	용기, 이것이야말로 무엇과도 바꿀 수 없는 젊은이의 자산이다.
도치된 문장에	이리 오세요, 어머님.
가벼운 감탄을 나태내는 말 뒤에	아, 깜빡 잊었구나.
문장 첫머리의 접속이나 연결을 나타내는 말 다음에, 단 일반적으로 쓰이는 접속사 (그러나, 그러므로, 그리고, 그런데 등) 뒤에는 쓰지 않음	첫째, 몸이 튼튼해야 된다. 아무튼, 나는 집으로 돌아가겠다.
문장 중간에 끼어든 구절 앞뒤에	나는, 솔직히 말하면, 그 말이 별로 탐탁하지 않소.
되풀이를 피하기 위하여 한 부분을 줄일 때	여름에는 바다에서, 겨울에는 산에서 휴가를 즐겼다.
문맥상 끊어 읽어야 할 곳에	갑돌이가 울면서, 떠나는 갑순이를 배웅했다. 갑돌이가, 울면서 떠나는 갑순이를 배웅했다.
숫자를 나열할 때	1, 2, 3, 4
수의 폭이나 개략을 나타낼 때	6, 7 개
수의 자릿점을 나타낼 때	14,314

가운뎃점의 쓰임

어문 규정에서는 가운뎃점을 다음의 경우에 사용하는 것으로 정의한다.

가운뎃점 쓰임	예문
쉼표로 열거된 어구가 다시 여러 단위로 나누어질 때	시장에 가서 사과 · 배 · 복숭아, 고추 · 마늘 · 파, 조기 · 명태 · 고등어를 샀다.
특정한 의미를 가지는 날을 나타내는 숫자 표현에	3 · 1 운동, 8 · 15 광복
같은 계열의 단어 사이에	동사 · 형용사를 합하여 용언이라고 한다.

쌍점의 쓰임

어문 규정에서는 쌍점을 다음의 경우에 사용하는 것으로 정의한다.

쌍점 쓰임	예문
내포되어 있는 종류를 들 때	문장 부호: 마침표, 쉼표, 괄호 등
소표제 뒤에 간단한 설명이 붙을 때	일시: 1984년 10월 15일 10시
저자명 다음에 저서명을 적을 때	정약용: 목민심서, 경세유표
시와 분, 장과 절 따위를 구별할 때	오전 10:20, 요한 3:16
둘 이상을 대비할 때	65 : 60(65 대 60)

빗금의 쓰임

어문 규정에서는 빗금을 다음의 경우에 사용하는 것으로 정의한다.

빗금 쓰임	예문
대립되거나 대등한 것을 함께 보이는 단어와 구, 절 사이에	착한 사람/악한 사람, 백이십오 원/125원
분수를 나타낼 때	3/4 분기

괄호

어문 규정에서는 괄호를 묶음표라고 하며, 괄호에는 소괄호, 중괄호, 대괄호가 있다.

각 괄호의 기호 및 쓰임은 아래 표와 같다.

종류	기호	쓰임
소괄호	( )	– 원어, 연대, 주석, 설명 등을 넣을 때 – 기호 또는 기호적인 구실을 하는 문자, 단어, 구에 사용 – 빈 자리임을 나타낼 때
중괄호	{ }	– 여러 단위를 동등하게 묶어서 보일 때
대괄호	[ ]	– 괄호 안의 말이 바깥 말과 음이 다를 때 – 괄호 안에 또 괄호가 있을 때

소괄호 사용 예

니체(독일의 철학자)는 이렇게 말했다.
정답: (1) 주어 (2) 서술어 (3) 목적어
우리나라의 수도는 ( )이다.

중괄호 사용 예

주격 조사 {이, 가}
국가의 3요소 {국토, 국민, 주권}

대괄호 사용 예

나이[年歲], 낱말[單語], 手足[손발]
명령에 있어서의 불확실[단호(斷乎)하지 못함]은 복종에 있어서의 불확실[모호
(模糊)함]을 낳는다.

따옴표

따옴표는 인용하여 쓰는 말이나 글을 다른 것과 구별하기 위해 앞뒤
에 찍는 부호이며, 큰따옴표와 작은따옴표로 구분된다.

종류	기호	쓰임
큰따옴표	" "	대화, 인용, 특별 어구 등
작은따옴표	' '	– 인용문 안에 인용문이 들어가는 경우 – 마음속으로 한 말을 적을 때 – 드러냄표 대신 사용

큰따옴표(" ") 쓰임 예

• 글 가운데서 직접 대화를 표시할 때

- "전기가 없었을 때는 어떻게 책을 보았을까?"
- "그야 등잔불을 켜고 보았겠지."

- 남의 말을 인용할 때

  - 예로부터 "민심은 천심이다."라고 하였다.
  - "사람은 사회적 동물이다."라고 말한 학자가 있다.

작은따옴표(' ') 쓰임 예

- 인용문 가운데 다시 인용문이 들어 있을 때

  "여러분! 침착해야 합니다. '하늘이 무너져도 솟아날 구멍이 있다.'고 합니다."

- 마음속으로 한 말을 적을 때

  '만약 내가 이런 모습으로 돌아간다면 모두들 깜짝 놀라겠지.'

- 문장에서 중요한 부분을 두드러지게 하기 위해 드러냄표 대신 사용

  - 지금 필요한 것은 '지식'이 아니라 '실천'입니다.
  - '배부른 돼지'보다는 '배고픈 소크라테스'가 되겠다.
  - '페이지를 표시할 수 없습니다.'라는 메시지가 나타난다.

수십 명이 작성했지만
한 사람이 작성한 느낌을 주도록
작성하라
업무 매뉴얼을 구비하라

조직 내에서 문서는 일반적으로 여러 사람이 같은 주제에 대해서 다른 내용으로 작성하거나(각 업무 단위별 주기적인 업무 보고서 등) 여러 주제에 대해서 각각의 전문가들이 작성한 내용을 취합하여 하나의 문서로 작성할 때가 많다. 이러한 경우에 항상 선행하는 것이 템플릿, 즉 문서 양식을 먼저 정하여 공유하는 것이다. 이것이 일차원적인 업무 매뉴얼이라고 할 수 있다.

그렇다면 우리가 문서 작업을 할 때 업무 매뉴얼을 먼저 고려하는 이유가 뭘까? 작성자들이 쉽게 문서 작성에 접근하게 하는 수단일 수도 있겠지만 궁극적으로는 읽는 사람(독자)이 혼란스럽지 않게 어떤 일관성을 유지하기 위함이 아닐까?

이렇듯 우리가 문서를 작성할 때 그것을 인지하건 아니건 항상 독자에 대한 배려가 그 속성의 바닥에 깔려 있는 것이다.

하지만 일차원적인 업무 매뉴얼만으로는 독자를 배려한다고 말하기에 부족하다. 양식과 내용의 구성에 대한 가이드만으로도 일관성 있는 문서를 작성할 수 있는 경우도 있겠지만(보고서 등), 연구원들이 작성하는 기술문서에는 좀 더 상세한 업무 매뉴얼이 필요하다. 아주 심한 경우에는 각 항목별로 '첫 번째 문장의 주어는 무엇으로 시작하고 서술어는 무엇을 사용한다'라는 수준의 가이드가 필요한 문서도 있을 수 있다.

업무 매뉴얼의 수준을 어느 정도로 할 것인지는 업무 환경에 따라 다르겠지만, 작성자의 여건과 독자의 요구를 정확하게 파악해서 업무 매뉴얼대로 작성하면, 그로써 작성자도 수월하고 독자도 만족하는 문서가 되면 업무 매뉴얼의 역할을 제대로 하는 것이다.

업무 매뉴얼을 작성할 때는 아래 항목들의 반영 여부를 검토하고 실행할 필요가 있다.

- 문서의 개념: 문서의 의미 및 작성 목적을 정의
- 내용의 범위: 작성 목적에 맞는 내용의 범위 결정
- 작성 프로세스: 다른 문서와의 연관 관계, 참고 자료 등 정리
- 작성 방법: 각 항목별 작성 방법 정리
- 검토 프로세스: 작성한 문서의 내용을 검토하는 주체와 주요 검토 내용 정리

『TOYOTA 무한 성장의 비밀』이라는 책에는 어떤 업무에 대한 절차화된 문서(업무 매뉴얼)가 없는 조직은 DNA가 없는 조직이므로 성장할 수 없는 조직이라고 단정하고 있다. 이렇듯 업무 매뉴얼은 그 업을 유지하고 발전시켜나가는 데 있어 기본이라고 할 수 있다. 기본을 갖추지 않은 상태에서는 그 어떤 개혁도 혁신도 불가능하지 않을까?

문서 작성 업무의 관리 포인트를 바꿔라

조직에서 관리자가 하는 역할은 조직 구성원들이 본연의 역할을 충실히 수행힐 수 있도록 자원을 유지/관리하는 일이다. 그래서 부족한 것은 보완할 수 있는 방법을 찾고, 넘치는 부분이 있으면 자원 새분베를 통해서 조직의 역량을 키우는 방안을 마련해야 한다.

이러한 관리 역할에 대해서 한번 되짚어볼 점이 있다면, 지금 우리는 Exist/Not Exist(있다/없다)에 대한 관리 또는 Did/Didn't(했다/안 했다)에 대한 관리를 해오고 있다는 것이다. 조직의 업(業)이 정해지고 프로세스가 정립된 후, 정해진 프로세스대로 일이 진행되어 최종 결과물이 나오면 관리자는 그 결과물의 유무(있다/없다)를 관리한다.

하지만 관리자가 궁극적으로 관리해야 하는 포인트는 결과물의 존재 유무나 실행 여부가 아니라 그 결과물의 유용성, 즉 가치(Value)이다. 특히 그 결과물이 문서인 경우에는 더욱 그렇다.

업무 프로세스상에서 결과물이 문서인 경우에는 해당 문서의 작성 목적에 맞는 내용이 충분하고도 정확하게 작성이 되었는지를 철저하

게 제어할 수 있어야 한다. 여러 업무 환경에서 불거져 나오는 문제점을 들어보면 문서가 작성은 되었으나,

- 찾는 내용이 없거나 정확하지 않다.
- 내용에 반영이 되어 있긴 한데, 무엇을 말하고 있는지 이해할 수 없다.
- 연관 있는 다른 문서와 내용이 다르게 기술되어 있다.

등등 일은 하고 있으나 가치 없는 일을 형식적으로 하는 형태인 것으로 파악된다.

그러므로 각 단위 조직에서는 문서의 품질을 확보할 수 있는, 그래서 문서를 작성하는 일이 시간을 허비하는 일이 아니라 가치를 창출하는 일이 될 수 있도록 프로세스를 보완하는 작업을 시급히 추진해야 한다.

Technical Writing Tips

완벽한 문장이란

완벽한 문장이란 어떤 문장일까? 글을 쓰면서 한 문장 한 문장이 모두 완벽한 문장이기를 바라는 마음 간절하겠지만 그것이 쉬운 일은 아니다.

어린 왕자의 저자 생텍쥐페리는 "완벽함이란 더 이상 더할 것이 없는 상태가 아니라, 더 이상 뺄 것이 없는 상태"라고 했다. 글쓰기에 있어서도 이 말을 되새길 필요가 있다. 일반적으로 Business Writing의 한 원칙으로 제시하고 있는 "짧게 써라"가 바로 생텍쥐페리가 말하는 완벽함과 관계가 있다. 그럼 무조건 짧기만 하면 될까?

Technical Writing에서의 완벽한 문장이란 간결성 · 정확성 · 명확성을 갖추고 있으면서 독자가 이해하기 쉬운 문장이라고 할 수 있겠다. 나는 문장에 있어서의 정답은 재현성이라고 말하고 싶다. 내가 적은 문장을 100사람이 읽었을 때 그들 모두가 똑같은 의미로 해석한다면 그것이 정답이 되는 것이다.

Technical Writing에서는 짧게 쓰기 전에 반드시 충족시켜야 할 조건이 있다. 바로 문장의 필수 구성 요소를 빼먹지 말아야 한다는 점이다. 글쓰기의 근본 목적은 소통(communication)이다. 상대와 오해없이 소통하기 위해서는 상대에게 먹히는 글이어야 한다. 문장의 필수 구성 요소인 주어, 목적어, 서술어 등이 문장에 반드시 포함되어 있어야 의미가 명확한 문장일 수 있고, 상대에게 의미를 정확하게 전달할 수 있다.

글을 쓰고 있는 나는 해당 주제 및 내용에 대해서 아주 잘, 그리고 많이 알고 있다. 그래서 문장에서 주어 또는 목적어가 생략되어도 별 무리 없이 해당 내용을 이해할 수 있을뿐더러, 같은 단어를 반복적으로 사용하면 왠지 어색한 느낌이 들기도 한다.

그래서 내가 알고 있는 주어 또는 목적어를 생략하는 경우가 많다. 만약 이 의견에 쉽게 동의할 수 없다면, 자신이 작성한 문서의 문장들을 한번 검토해보기 바란다. 내가 작성한 10개의 문장 중에 주어 또는 목적어가 생략된 문장이 몇 개인가?

내 글을 읽는 독자는 내가 아는 만큼을 알고 있다고 예단해서는 안 된다. 그러므로 내가 적고 있는 글의 내용이 내 의도대로 독자에게 정확하게 전달되도록 하기 위해서는 문장 구성 요소가 빠지는 것을 철저하게 막아야 한다. 그런 다음에 문장을 더 짧게(간결하게) 쓸 방법이 없을까를 고민해야 한다.

문장을 짧게(간결하게) 쓰기 위해서는 다음의 요소들을 문장에 반영해야 한다.

- 한 문장에는 하나의 메시지만 담는다.
- 형용사와 부사의 사용을 절제한다.
- 중복된 의미의 표현을 과감하게 없앤다.

표는 어떻게 작성하는가

Technical Writing에서 가장 많이 사용하는 비주얼 요소는 단연 표다. 표는 많은 양의 정보를 적은 공산에 간결하게 나타내고자 할 때 사용한다. 표는 복잡한 내용을 알기 쉽게 정리하는 데 사용하면 효과적이며 관련 내용을 포함하고 있는 문단 아래에 두는 것이 좋다.

일반적으로 많은 숫자를 다룰 때 표를 활용하게 되는데, 이때 표는 정량적인 숫자를 파악하는 데는 도움이 되지만 그림처럼 한눈에 정보를 쉽게 전달하지는 못한다. 그래서 일반적으로 우리는 표와 그래프를 같이 활용하고 있는 것이다.

그러므로, 표를 활용함에 있어서는 정보의 전달성 측면에서 그 효율성을 한번 더 검토해야 한다.

여기서는 표를 구성하는 요소들과 그 작성법을 정리함으로써 표 작성 및 이해에 도움을 주고자 한다.

표는 표 번호, 표 제목, 세로선, 가로선, 세로 항목, 가로 항목, 보충 설명의 7개 요소로 구성된다.

〈표 1〉 표의 구성 요소

세로 헤딩 (Column Heading)	세로 헤딩 (Column Heading)	세로 헤딩 (Column Heading)
가로 헤딩(Line Heading)	표 본문	표 본문
가로 헤딩(Line Heading)	표 본문	내용 없음(None)
가로 헤딩(Line Heading)	표 본문	표 본문

표 번호와 표 제목

표 번호와 표 제목은 표 윗줄의 가운데에 정렬한다.

분량이 적은 자료의 표 번호는 순번(표 1, 표2, …)으로 표기하고, 분량이 많거나 장(章)으로 구분된 자료의 표 번호는 각 장에서의 순번(표 1.1, 표 1.2, …, 표 2.1, 표 2.1, …)으로 표기한다.

그리고 하나의 표가 여러 페이지에 걸쳐 기술될 때는 표 번호와 표 제목을 각 페이지의 맨 위에 반복하며, 표의 세로 헤딩(Column Heading)도 반복하여 반영한다.

표 제목은 독자가 제목만 봐도 표 내용의 주제를 알 수 있을 만큼 구체적인 것으로 한다.

세로선

표 양끝의 세로선은 긋지 않는 것이 보기 좋으며, 세로선의 굵기는 0.05 ~ 0.1mm가 보기 좋다.

가로선

가로선은 최소한으로 긋는 것이 보기 좋으며, 세로 헤딩(Column Heading)과 표 본문을 구분하는 가로선만 굵게(0.2~0.3mm) 하고, 그 이외의 가로선은 세로선과 같은 굵기로 하면 보기 좋다.

가로 항목과 세로 항목(표 본문)

각 항목의 글자 크기는 문서의 본문 글자보다 작게 한다. 표 본문에서 문자는 왼쪽 또는 중앙으로 정렬하고 숫자는 소수점을 기준으로 정렬한나. 단위는 각 헤딩에 괄호 형태로 표시한다.

그리고 표에서 데이터가 없는 셀에는 반드시 '내용 없음'으로 표기하여 해당 셀에는 내용이 없다는 것을 명확하게 나타내어야 한다. 그래야 독자가 내용 누락에 대한 의심을 거둘 수 있다.

보충 설명

표에 기술하고 있는 내용을 보충 설명하며, 글자 크기는 표 본문보다 작게 한다.

표 작성 예

구분	값	관련 규격
작동 온도($^\circ$C)	0~50	GR-63-CORE Sec.4.1.1
보관 온도($^\circ$C)	-40~70	GR-63-CORE Sec.4.1.1
습도(%)	5~95[a]	GR-63-CORE Sec.4.1.2
고도(m)	60~1,800	GR-63-CORE Sec.4.1.3

먼지(㎍/m3)	0~90	GR-63-CORE Sec.4.5

a) The moisture content of air is less than 0.024kg

작성하는 표의 넓이는 가능한 문서의 본문 영역에 맞추는 것이 좋다. 그리고 표를 본문에서 인용할 때는 표 번호보다는 표 제목을 사용하거나 '아래/위' 등의 표현을 사용하는 것이 향후 해당 문서의 개정관리에 유용하다.

그림은 어떻게 반영하는가?

그림도 표와 마찬가지로 그림과 함께 그림 번호와 그림 제목을 함께 반영한다. 그림 번호와 그림 제목은 표와 다르게 그림 아래에 위치시킨다.

헷갈리는 표현

글쓰기를 하면서 어떻게 쓰는 것이 맞는 표현일지 고민되는 문장이 많이 있을 것이다. 여기에서는 그렇게 고민되는 표현들을 정리하여 같은 고민을 하는 사람들에게 도움을 주고자 한다.

'와/과'와 '및'

'와/과'는 앞말과 뒷말이 대등할 때 쓰나, '및'은 앞말이 뒷말의 중심이 될 때 쓴다.

'~로', '~로서', '~로써'

- (으)로: 방향, 원인, 재료, 신분, 시간 등을 나타내는 부사격 조사
- (으)로서: '지위나 신분 또는 자격을 가지고'의 뜻을 나타내는 부사격 조사
- (으)로써: '…을 가지고'의 뜻을 나타내는 부사격 조사

RAS는 802.16d/e 규격에 따라 무선 접속 인터페이스를 제공하는 시스템으로, PSS 가입자에게 무선 통신 서비스를 제공한다.

→ RAS는 802.16d/e 규격에 따라 무선 접속 인터페이스를 제공하는 시스템

으로서 PSS 가입자에게 무선 통신 서비스를 제공한다.

xx 커넥터: 36 핀 Champ 커넥터로 시스템의 외부와 연결된다.
→ xx 커넥터: 36 핀 Champ 커넥터로서 시스템의 외부와 연결된다.

System ID는 WGW 각 시스템을 구분하는 ID로써 WGW 시스템을 관리하는 망 안에서는 unique한 숫자이다.
→ System ID는 WGW 각 시스템을 구분하는 ID로서 WGW 시스템을 관리하는 망 안에서는 unique한 숫자이다.

전파 간섭이 '크다/작다'와 '많다/적다' → '많다/적다'

전파간섭(電波干涉)은 '한정된 주파수 대역 때문에 인접한 주파수 대역 사이에 발생하는 부정적 현상'을 말한다. 이러한 현상의 정도나 빈도를 말할 때에는 '많다/적다'로 말하는 것이 '크다/작다'를 사용하는 것보다는 더 자연스럽다. 따라서 '전파 간섭이 많다/적다'라고 쓰는 것이 바람직하다.

'동작'과 '작동'

동작(動作)은 '몸이나 손발 따위를 움직임, 또는 그런 모양'이란 뜻이고, 작동(作動)은 '기계 따위가 작용을 받아 움직임, 또는 기계 따위를 움직이게 함'이라는 뜻이다. 그러므로 그 의미를 명확하게 구분하여 장비나 시스템의 기능을 설명할 때는 '동작'이 아닌 '작동'으로 표현하는 것이 바람직하다.

'작다'와 '적다'

'적다'는 분량, 수효 등 양과 관계된 것으로 반대말이 '많다'이며, '작다'는 길이/부피/규모 등 크기와 관계된 것으로 반대말이 '크다'이다.

'~율'과 '~률'

'율'은 모음과 'ㄴ' 받침 뒤에서 쓰고, 그 외의 경우에는 '률'을 쓴다.

> – 비율, 부하율, 실패율, 일치율, 백분율, 제한율, 회신율
> – 등록률, 사용률, 성공률, 성장률, 응답률, 출석률, 전송률

'시간'과 '시각'

일반적으로 구분하지 않고 시간으로 많이 쓰고 있지만 각각의 정확한 의미는 다음과 같다.

- 시간(時間): 어떤 시각에서 어떤 시각까지의 사이
- 시각(時刻): 시간의 어느 한 시점

그러므로 정확하게 따지자면 '시작 시간', '출발 시간' 등 현재 '시간'으로 쓰고 있는 대부분을 '시각'으로 고쳐서 써야 한다.

'되'와 '돼'

'돼'는 '되어'가 줄임말이다. 따라서 '되어'로 고쳐 쓸 수 있으면 '돼'를 쓰고, '되어'로 고쳐 쓸 수 없으면 '되'로 쓴다.

소년은 어른이 되면 엄마를 찾으러 가겠다고 다짐했다.

이러다간 내 꿈이 물거품으로 돼 버릴지도 모른다.

열심히 공부해서 훌륭한 사람이 돼라. → '되' + '-어라'

어머니는 착한 사람이 되라고 말씀하셨다. → '되' + '-라고'

여기 있으면 안 돼. → 문장 끝에 쓸 때는 '돼'만 가능함.

'결재'와 '결제'

결재(決裁)는 결정할 권한이 있는 상관이 부하가 제출한 안건을 검토하여 허가하거나 승인하는 것을 말한다. 반면 결제(決濟)는 어음이나 대금 따위를 주고받아서 매매 당사자 사이의 거래 관계를 끝맺는 행위를 말한다.

그러므로 직장 생활을 하면서 기획서나 보고서에 대해서 상사의 승인을 요청하는 경우는 '결재'로 써야 한다. '결제'는 일상 생활에서 흔히 '카드 결제', '어음 결제' 등과 같이 사용된다.

새해 사업 계획에 대해 결재를 올렸다.

은행 잔고가 부족하여 카드 대금 결제가 안 되었다.

단위 표기 가이드

문서를 작성할 때 단위를 표기할 경우가 많은데, 단위는 SI(The international System of Units) 표준에 따라 사용한다.

SI 표준에 입각한 단위 표기법

구분	명칭	표기법	비고
길이(長)	밀리미터(millimeter)	mm	
	센티미터(centimeter)	cm	
	미터(meter), 킬로미터	m, km	'Km'로 표기하지 않음
	인치(inch)	in.	전치사 'in'과 단위 'in.' 주의
무게 (重量)	그램(gram), 킬로그램	g, kg	'Kg'으로 표기하지 않음
	파운드(pound)	ld	
	톤(ton)	t	'ton'으로 표기하지 않음
시간(時刻)	초(second)	s	'sec'로 표기하지 않음
	분(minute)	min	
	시간(hour)	h	

구분	명칭	표기법	비고
속도	속도(speed)	m/s	
	가속도(acceleration)	m/s²	
온도	캘빈(kelvin)	K	
	화씨(Fahrenheit)	°F	
	섭씨(centigrade)	℃	
전기	전류(ampere)	A, μA, mA, kA	
	전압(volt)	V, μV, mV, kV, MV	
	전력(watt)	W, kW, MW	
인덕턴스	헨리	H, mH, uH	
전기 용량	패러드(farad)	F, pF, nF, μF	
주파수	헤르츠(hertz)	Hz, kHz, MHz, GHz	
에너지	줄(joule)	J	
	칼로리(calorie)	cal	
	시간당 발열량	kWh	
중력	뉴턴(newton)	N	
전기 저항	오옴(ohm)	Ω, kΩ, MΩ	ohm으로 표기하지 않음
물질의 양	몰(mole)	mol	
조도	칸델라(candela)	cd	
	럭스(lux)	lx	
각도 (angle)	도(degree)	°	'30도'와 같이 표기하지 않음

구분	명칭	표기법	비고
부피 (volume)	리터(liter)	l, ml, ㎕, kl	
	입방센티	cm^3	
	입방미터	m^3	
	입방밀리미터	mm^3	
넓이 (面積)	평방밀리미터	mm^2	
	평방센티	cm^2	
	평방미터	m^2	
	평방킬로미터	km^2	
음향의 크기	데시벨(decibel)	dB	

참고문헌 및 인용자료

- 국립 국어원 홈페이지(www.korean.go.kr)
  표준국어대사전을 이용할 수 있고, 한글맞춤법에 대한 정보를 알아보고 질문할 수 있다

- Gerald J. Alred, *The professional Writer: A Guide for Advanced Technical Writing.*
  *Technical Writing*의 기본 개념, 필요 기술에 대해서 알 수 있다

- William Strunk, Jr.·Allyn & Bacon, *The Element of Style.*

- 에드 영 지음, 최순희 옮김, 『일곱 마리 눈먼 생쥐』, 시공주니어, 1999.
  전체 그림을 보여줄 수 있는 글쓰기를 해야 한다는 인식을 제고할 수 있다